Patrizia

CW01424573

Tecnologie elettriche ed elettroniche VOL. 3

ISBN 978-1-326-66143-4

Edizione 2016

Indice del volume

IL DOMINIO DELLA FREQUENZA

CLIL METHODOLOGY: INTRODUCTION INTO THE CONTROL THEORY

VERSO L'ESAME DI STATO

TRASDUTTORI

IL PLC E IL LINGUAGGIO DI PROGRAMMAZIONE LADDER

IL PLC E IL LINGUAGGIO DI PROGRAMMAZIONE GRAFCET

IL DOMINIO DELLA FREQUENZA

Indice del modulo

3

SEGNALI RAPPRESENTATI NEL DOMINIO DELLA FREQUENZA

Sinora abbiamo studiato *l'andamento nel tempo* dei segnali cioè abbiamo rappresentato i valori assunti da una grandezza elettrica, ad esempio la tensione, nei diversi istanti di un intervallo di tempo.

Un esempio

Osserviamo il circuito sottostante; R = 1 kOhm è collegata in serie ad un condensatore da 1000 uF inizialmene scarico. Ciò significa che la tensione tra i terminali di C è 0 V. Se applichiamo, all'istante t = 0 del nostro esperimento una tensione continua da 10 V (applicando di fatto il cosìddetto gradino di tensione) possiamo osservare, anche aiutandoci con un oscilloscopio, che la tensione ai capi del condensatore varierà secondo l'andamento riportato nel grafico .alla pagina successiva. Esso riporta la tensione Uout in Volt ai capi del condensatore in ordinata e il tempo espresso in secondi in ascissa.

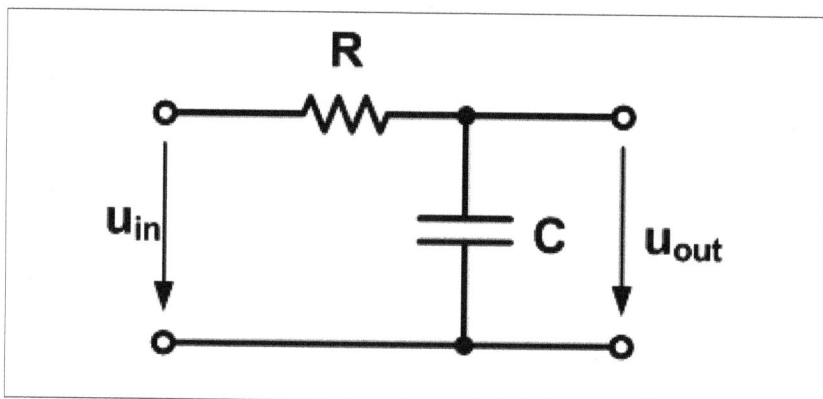

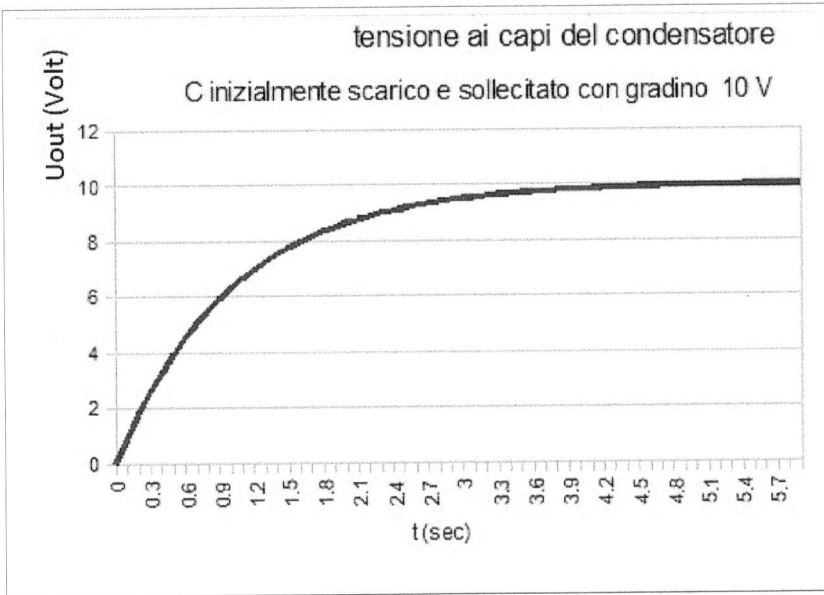

tensione ai capi del condensatore

C inizialmente scarico e sollecitato con gradino 10 V

Uout (Volt) — asse delle ordinate: 0, 2, 4, 6, 8, 10, 12

t(sec) — asse delle ascisse: 0, 0.3, 0.6, 0.9, 1.2, 1.5, 1.8, 2.1, 2.4, 2.7, 3, 3.3, 3.6, 3.9, 4.2, 4.5, 4.8, 5.1, 5.4, 5.7

Anziché il cosìddetto *dominio del tempo* possiamo studiare la variazione di un segnale. Esso rappresenta una grandezza elettrica, ad esempio una tensione, che racchiude in sè dati ovvero *informazioni* per noi utili; avete presente una termocoppia? Essa fornisce una tensione di ampiezza variabile con la temperatura del corpo posto a contatto con la termocoppia stessa.

A volta l'ampiezza o la fase di un segnale è fortemente dipendente dalla frequenza in Hz della tensione applicata come ingresso del circuito.

Per questo motivo risulta molto utile mostrare rappresentare il segnale nel *dominio della frequenza*. Il grafico alla pagina seguente mostra nell'asse delle ordinate l'ampiezza di Vout (nota il simbolo |Vout|) e in ascissa la frequenza in Hz del segnale *sinusoidale* in ingresso Vin applicato al circuito. L'ampiezza di Vin ovvero |Vin| è sempre la stessa 10 V ma ne variamo la frequenza da 0.01 Hz a 10 kHz.

5

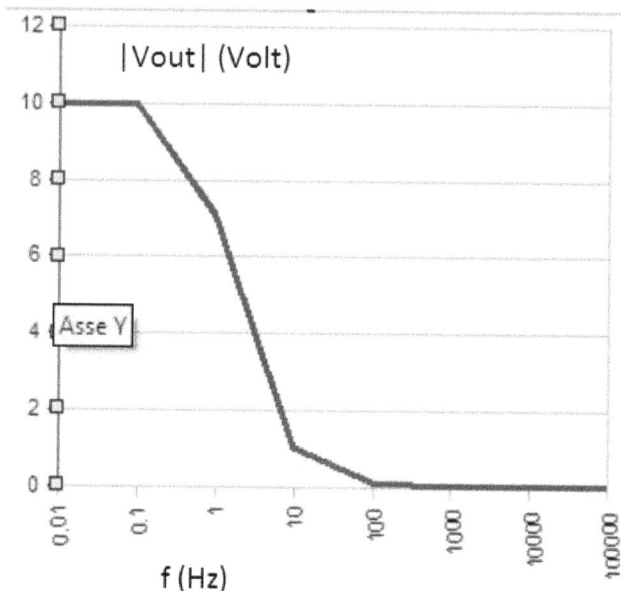

|Vout| (Volt)

Asse Y

f (Hz)

Dal grafico possiamo dedurre importanti informazioni. Il segnale Vout a frequenze minori di 0.1 Hz mantiene inalterato quello di |Vin| ovvero 10 V. Superato tale valore l'ampiezza di Vout decresce: è $10/\sqrt{2}$ cioè circa 7 V per f = ft = 1 Hz (*frequenza di taglio*), vale invece 10/10 cioè 1 V per f = 10 Hz; ogni volta che, a partire dalla frequenza di taglio, la frequenza *decuplica*, l'ampiezza di Vout si riduce di 10 volte. Questo che ho descritto è il tipico comportamento della tensione in uscita ad un **filtro passo basso del I ordine. Si dice tale un qualunque circuito o se vogliamo sistema che ha la caratteristica di filtrare cioè attenuare l'ampiezza dei segnali di frequenza superiore a quella di taglio.**

Un esempio pratico di filtro passa basso del I ordine?

Il circuito con resistenza R in serie al condensatore C visto analizzato all'inizio del capitolo rappresenta un filtro passa basso con frequenza di taglio pari a ft = 1/(2ΠRC) Hz.

Infatti Uout, a regime ovvero esaurita la fase transitoria, assume lo stesso livello della tensione Uin se questa ha frequenza inferiore a quella di taglio. Uout vedrà invece ridotta la propria ampiezza se invece eleviamo la frequenza in ingresso ben oltre il valore di ft .

Ma perchè parliamo di I ordine? Che cos'è l'ordine di un filtro?

6

Ebbene esso è legato agli elementi che nel nostro sistema (ad esempio circuito) rappresentano delle *memorie in quanto sono in grado di accumulare energia in una qualunque forma.*
Nel nostro circuito RC serie è il condensatore che, a differenza del resistore, è in grado di accumulare carica elettrica quando gli si applica una tensione. Il suo comportamento analogo a quello di una memoria lo si constata facilmente quando priviamo il condensatore dell'alimentazione: esso tenderà a mantenere la tensione accumulata e ostacolerà, presentando una sorta di inerzia, la sua variazione.
I filtri di ordine superiore al I fanno uso di più "elementi energetici" ad esempio induttori (bobine) oltre che condensatori e in questo modo risulteranno più efficaci cioè più drastici nell'attenuazione dei segnali in ingresso aventi "frequenze indesiderate". Un filtro passa basso del II ordine, ad esempio, riduce di 100 volte l'ampiezza del segnale Vin se la frequenza di Vin è pari a 10 volte la frequenza di taglio ft.
  più elevato è l'ordine di un filtro più complesso e costosa è la sua realizzazione se pensiamo anche solo alle tolleranze dei componenti che desideremo essere estremamente ridotta.

Esercizi

Calcola il valore di ft nel caso di R = 1800 Ohm e C = 10 nF.
(risposta: 8800 Hz circa)
Realizza su breadboard circuito e avvalendoti di un generatore di funzioni per variare la frequenza della tensione sinusoidale Uin (ampiezza 10 V) con cui alimentare il circuito, misura il valore di |Vout| nei casi seguenti:

- f1 = 100 Hz
- f2 = 10 kHz
- f3 = 100 kHz

Modifica i valori di R e C per ottenere una frequenza di taglio di circa 1 kHz. Ricorda che puoi sempre porre condensatori e resistori in serie oppure in parallelo per ovviare al fatto che i valori teorici di R e C difficilmente coincidono con quelli commerciali.
Ricorda che:
a differenza dei resistori, due condensatori C1 e C2 collegati in parallelo producono una capacità equivalente Cpar pari alla somma delle singole capacità cioè

7

$$Cpar = C1 + C2$$

se invece i due condensatori C1 e C2 sono collegati in parallelo allora la capacità equivalente Cserie si calcola così:

$$Cserie = \frac{C1 \cdot C2}{C1 + C2}$$

Esercizi

Come è possibile ottenere una capacità da 50 uF avendo a disposizione condensatori da 10 uF?

....
....

Come è possibile ottenere una capacità da 500 uF avendo a disposizione condensatori da 1000 uF?

....
....

Analizza il circuito sottostante. Calcola la frequenza di taglio ft.

....
....

Realizza il prototipo del circuito su breadboard e misura il valore efficace della tensione Uout ai capi dei condensatori con l'uso del multimetro per due distinti valori della frequenza di Vin:

- $f1 = 50$ Hz

- f2 = 10 kHz

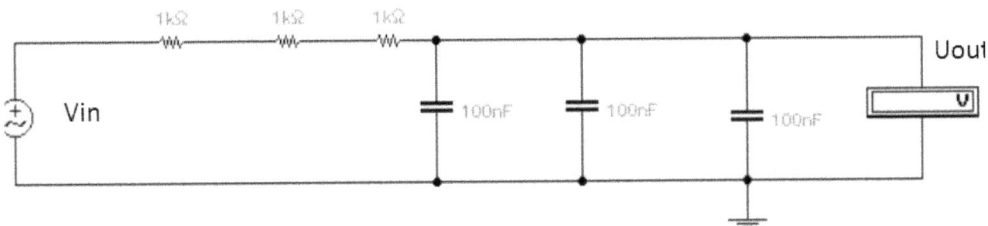

Per Vin useremo un generatore di funzioni in modalità segnale sinusoidale, ampiezza del segnale 10 V, frequenze prima f1 poi f2.
Per misurare la tensione Uout devi utilizzare il multimetro nella modalità AC. In alternativa puoi collegare ai capi di un condensatore l'oscilloscopio. In questo modo potrai visualizzare l'andamento nel tempo del segnale Uout e verificare il comportamento del filtro passa basso.

Domande

Che cos'è un filtro passa basso?
....
....
Cosa significa rappresentare un segnale nel dominio del tempo?
....
....
Cosa significa rappresentare un segnale nel dominio della frequenza?
....
....

Che cos'è la frequenza di taglio ft di un filtro passa basso del I ordine?
....
....

Come si calcola ft?
....

9

LA FUNZIONE DI TRASFERIMENTO DESCRITTA NEL DOMINIO DELLA FREQUENZA

Di solito per descrivere il comportamento di un filtro non si rappresenta il segnale di uscita Uout al variare della frequenza bensì la funzione di trasferimento del sistema poichè quest'ultima a differenza di Uout non dipende in alcun modo dalle caratteristiche (ampiezza e fase) del segnale di ingresso fatta eccezione ovviamente per la frequenza f in Hz.

Una volta studiati nel prossimo paragrafo i diagrammi di Bode vedremo com'è semplice dedurre ampiezza e fase di Uout una volta che abbiamo a disposizione tali diagrammi che altro non sono che la f.d.t. descritta nel dominio della frequenza.

Ma che cos'è la funzione di trasferimento (abbreviazione f.d.t.)?
Essa è Uout / Uin ovvero il rapporto tra il segnale di uscita e quello di ingresso.

Inizio approfondimento

La f.d.t. rappresenta , qui nascono le nostre complicazioni, un numero complesso.

Noi tratteremo il caso di segnali rappresentati da segnali sinusoidali che rappresentano i più comuni segnali di prova.

Le due tensioni Uout e Uin di tipo sinusoidale corrispondono ciascuna ad un numero complesso ovvero ad un numero avente una parte reale e una parte immaginaria.

Inoltre tale numero complesso lo posso identificare con un vettore rotante.
Facciamo un esempio.

Una tensione sinusoidale Uin di ampiezza 10V, fase iniziale $0° = 0$ rad e frequenza 1 Hz la posso interpretare come un vettore di ampiezza 10 (ad esempio di lunghezza 10 cm) rotante nel piano in senso antiorario con velocità angolare $\omega = 2\Pi f = 2\Pi$ *rad/sec (di fatto questo vettore completerà un giro completo ovvero 2Π rad in un secondo corrispondente per l'appunto a 1 Hz).*

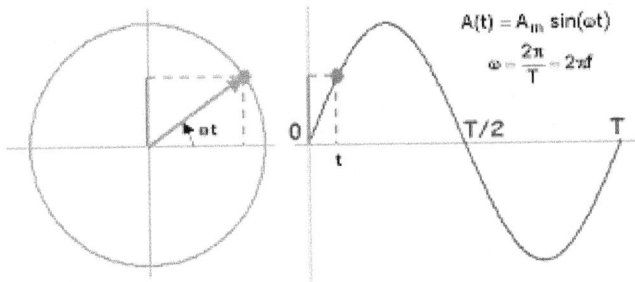

$$A(t) = A_m \sin(\omega t)$$

$$\omega = \frac{2\pi}{T} = 2\pi f$$

Esercizi

Indica quale angolo (fase) avrà percorso il vettore rotante dopo:

T/8

....

T/4

....

3/8T

....

T/2

....

5/8T

....

3/4T

....

7/8T

....

T

....

Questo ragionamento ci consente di conoscere i valori istante per istante della tensione **uin** (li indichiamo con la lettera minuscola!) che sono le proiezioni verticali sull'asse delle ordinate del vettore. Ad esempio all'istante t = 0,25 secondi uin vale 10 V, a t = 0,5 secondi vale 0 V, a t = 0,75 secondi vale -10V mentre a t = 1 secondi vale 0 V.

Non ho ancora detto la posizione iniziale del vettore nel piano cioè dove si trova il vettore (che rappresentiamo come una freccia!) all'istante iniziale 0

11

secondi cioè prima di iniziare a ruotare nel modo che ho descritto. Questa informazione rappresenta la *fase iniziale* ovvero l'angolo formato dal vettore con il semiasse positivo delle ascisse e misurato in senso antiorario.

Abbiamo detto che nel nostro esempio Uin ha fase iniziale nulla; ciò significa che il vettore che la rappresenta all'istante 0 si troverà in posizione perfettamente orizzontale con la punta della freccia verso sinistra (altrimenti detto: il vettore si troverà nella posizione coincidente con il semiasse positivo delle ascisse.

C'è un modo simbolico di descrivere sinteticamente Uin come vettore? Ovviamente sì ricorrendo tuttavia ad un numero complesso:

Uin = 10 e $^\wedge$ (j 0) significa, ripeto che l'ampiezza è 10 mentre la fase iniziale è nulla.

Parliamo ora di Uout. Se esso ha ampiezza 20 e fase iniziale *90 ° = Π/2 rad* e la stessa frequenza di Uin avremo:

Uout = 20 e $^\wedge$ (j *Π/2*)

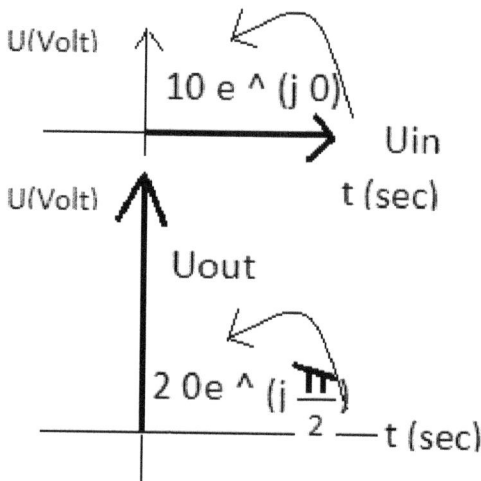

Torniamo alla nostra funzione di trasferimento G = Uout/Uin.
Come la calcoliamo? Essa avrà per ampiezza il rapporto delle ampiezze e per fase la differenza tra la fase iniziale di Uout e la fase iniziale di Uin. Infatti:

$$G = \frac{20\ e\ ^{\wedge}\ (j\ \Pi/2)}{10\ e\ ^{\wedge}\ (j\ 0)} = 2\ e^{\wedge}j\ (\Pi/2 - 0)$$

Per non incorrere in errori banali ricorda che il rapporto tra potenze (la nostra ha una base particolare che è il numero di Nepero *e* ma è pur sempre una semplice operazione di potenza!) è pari ad una potenza di ugual base (sempre *e*) avente come esponente la differenza tra gli esponenti di numeratore e denominatore.

fine approfondimento

|G|=|Uout|/|Uin|

$\underline{}$ G = $\underline{}$ Uout - $\underline{}$ Uin

Una importante considerazione sulle dimensioni fisiche ovvero sulle unità di misura. |G| è adimensionale perchè ad esempio Volt/Volt fornisce come risultato un numero puro.
Di solito tuttavia anzichè il numero puro passiamo a |G|dB ovvero all'ampiezza di |G| espressa in decibel.
Ecco le formule che legano le due grandezze:

|G|dB = 20 Log (|G|)

|G| = 10 ^(|G|dB/20)

Ma perchè viene preferito il decibel anzichè il numero puro?

Il primo essendo legato all'operatore logaritmo (in base 10) ha la proprietà di "espandere" i valori molto piccoli di f.d.t. e invece di "comprimere" i valori di f.d.t. molto grandi. Va sottolineato che valori di |G|dB negativi corrispondono a valori di |G| inferiori a 1.
Per quanto detto rappresentare i valori |G|dB risulta molto più agevole che trattare i valori di |G|.

13

Se rappresentassimo i |G| nel dominio della frequenza per intervalli molto estesi della frequna ci troverremmo valori di |G| molto piccoli e molto grandi con indubbi problemi di leggibilità di quello che nel prossimo paragrafo chiameremo diagramma di Bode.

Esercizi

Trasforma |G| in |G|dB compilando la tabella qui sotto:

|G|	**|G|dB**
0,00001	
0,0001	
1	
10	
100	

Domande

Come si modifica |G|dB quando |G| diventa 10 volte più grande?
....

Come si modifica |G|dB quando |G| diventa 10 volte più piccolo?
....

La funzione di trasferimento ha una ampiezza e una fase che variano con la frequenza.
Ne discende che:
- saremo costretti a rappresentare separatamente in due diagrammi distinti l'ampiezza di G al variare di f e la fase di G al variare di f.
- per ogni frequenza avremo una coppia di valori di ampiezza e di fase di f.d.t.. Posti tali punti sui diagrammi di Bode (vedi paragrafo successivo) potremo dedurre una espressione analitica per la f.d.t.

G. Ad esempio il filtro passa basso del I ordine rappresentato dal circuito serie RC ha f.d.t. descritta dalla formula seguente:

$$G(j\omega) = \frac{1}{(1 + j\omega RC)}$$

La formula precedente ci dice che G è un numero complesso anzi è il rapporto tra il numero 1 che effettivamente è un numero reale essendo privo di parte immaginaria e il numero a denominatore avente parte reale 1 e parte immaginaria ωRC.
Ne ricaviamo le formule per calcolare ampiezza e fase di G:

$$|G| = \frac{|1|}{|1 + j\omega RC|} = \frac{1}{\sqrt{(1 +(\omega RC)^2)}}$$

$$\angle G = \angle 1 - \angle (1 + j\omega RC) = 0 - tg^{-1}\omega RC$$

Esercizio

Calcola ampiezza e fase di G con le formule appena studiate dati:
R = 1kOhm e C = 1 uF e le frequenze indicate nella tabella:

ω (rad/sec)	$|G| = \dfrac{1}{\sqrt{(1 +(\omega RC)^2)}}$	$\angle G = \angle 1 - \angle (1 + j\omega RC) = 0 - tg^{-1}\omega RC$
100		
1000		
10^5		
10^7		

I DIAGRAMMI DI BODE

Il diagramma di Bode delle ampiezze riporta sull'asse delle ordinate l'ampiezza della funzione di trasferimento |G| espressa in dB mentre

sull'asse delle ascisse le frequenze f espresse in Hz.
A volte anziché la frequenza f (Hz) viene rappresentata la *frequenza angolare* ω espressa in rad/sec.

La relazione tra le due grandezze è: $\omega = 2\,\Pi\,f$ quindi $f = \omega/(2\,\Pi)$

Ad esempio 50 Hz corrispondo a 314 rad/sec (ho applicato la prima delle due formule) mentre 628 rad/sec corrispondono a 100 Hz (ho applicato la seconda delle due formule).

Il diagramma di Bode delle fasi riporta sull'asse delle ordinate la fase della funzione di trasferimento ∟ G espressa in gradi (o radianti secondo la nota relazione *radianti = gradi Π /180*) mentre sull'asse delle ascisse le frequenze f espresse in Hz (in alternativa sull'asse delle ascisse avremo ω *in* rad/sec).
Qui sotto sono riportati i diagrammi di Bode relativi al circuito serie RC studiato nel paragrafo precedente. In questo caso R = 3 kOhm mentre C = 210 nF.

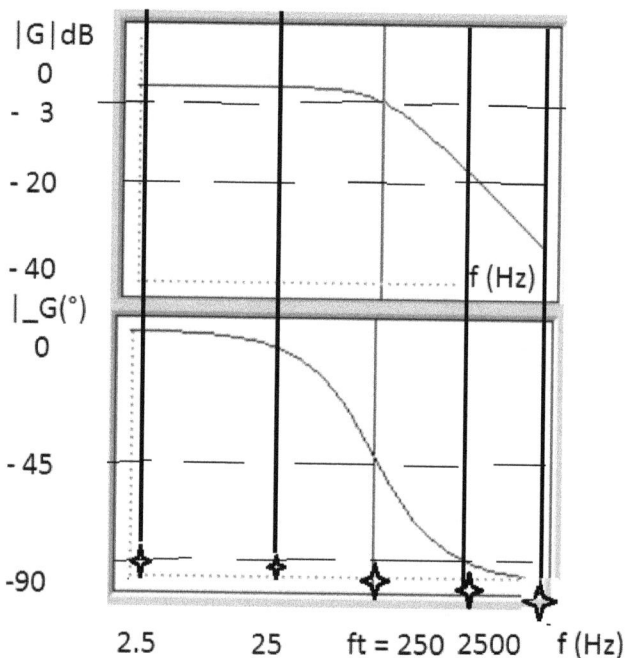

Osserviamo che le grandezze sull'asse delle ordinate in entrambi diagrammi sono rappresentate nell' usuale scala lineare mentre sull'asse delle ascisse i valori della frequenza sono riportati in scala logaritmica.

Le ragioni di questa scelta risiedono nel fatto che riusciamo in uno spazio ristretto a studiare un intervallo di frequenze davvero ampio: 2.5 – 2500 Hz nel nostro esempio.

Se avessimo optato per la scala lineare anche affidando un solo mm per ogni Hz avremmo avuto necessità di un foglio largo 2,5 metri ! Il tutto sarebbe andato a discapito della leggibilità del diagramma.

Come si fa a rappresentare un insieme di valori in scala logaritmica?
Si assegna una distanza fissa ad esempio 1 cm alla decade ovvero all'intervallo di frequenze in cui quella finale vale 10 volte tanto quella iniziale.
Nei nostri diagrammi c'è la stessa distanza tra 2,5 e 25 Hz; ma anche tra 25 e 250 o tra 250 e 2500 Hz proprio perchè ciascun intervallo 2,5-25, 25-250, 250-2500, 2500-25000 rappresenta una decade.

Inizio approfondimento
Nell'esempio mostrato i valori sull'asse delle ascisse erano intervallati da decadi esatte o altrimenti detto si sono ottenuti da quello iniziale moltiplicando ogni volta per 10.
Ma se devo mostrare delle frequenze "disordinate" ad esempio 1, 8, 90, 300, 900, 2000, 10000?
Potremmo procurarci un prestampato con la scala logaritmica ma sono fuori moda da anni......
Faremo qualcosa di molto più semplice: fissiamo la misura di una decade ad esempio 2 cm, prendiamo la calcolatrice e calcoliamo il logarimo di ciascuno dei suddetti valori, moltiplichiamo ciascuno dei risultati per la misura della decade cioè 2 cm. Questi risultati ci dicono a queale distanze dall'origine del diagramma di Bode vanno poste le varie frequenze. Se risultati sono positivi devo misurare dette distanze verso destra rispetto all'origine altrimenti verso sinistra.

f(Hz)	Log f	2 cm Log f
1	0	0
8	0.9	1.81
90	1.95	3.91
300	2.48	4.95
900	2.95	5.91
2000	3.3	6.6
10000	4	8

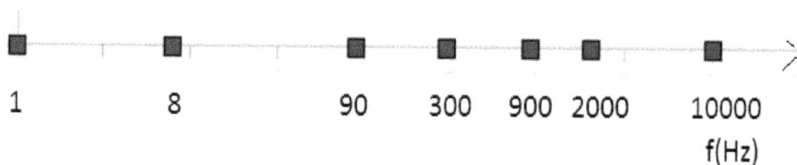

```
  ■          ■           ■      ■     ■    ■          ■        ⟩
                                                              ╱
  1          8           90    300   900  2000       10000
                                                      f(Hz)
```

fine approfondimento

Esercizi

Analizza i diagrammi di Bode e compila la tabella con i valori della f.d.t. dedotti dal grafico (non preoccuparti se non sarai estremamente preciso!)

f (Hz)	|G| dB	∟(G (°)
0.01 ft =2.5	....	....
0.1 ft =25	....	....
ft = 250	....	....
10ft = 2500	....	....

18

RICOSTRUIRE IL SEGNALE D'USCITA UOUT DAI DIAGRAMMI DI BODE

Consideriamo ancora l'esempio precedente per il quale disponiamo dei due diagrammi.
Decidiamo di adottare tale circuito per applicarvi un ingresso di ampiezza 120 V fase iniziale nulla e frequenze comprese tra 2.5 e 2500 Hz; è evidente che vogliamo conoscere con esattezza le caratteristiche di Uout per sapere se l'ingresso verrà attenuato o inverce trasferito con la medesima ampiezza, ancora se risulterà sfasato o perfettamente in fase.
Insomma vogliamo conoscere |Vout| e |_Vout. Ecco le formule:

$$|Uout| = |Uin| \cdot |G|$$

$$|\_Uout = |\_Uin + |\_G$$

Sembra tutto molto semplice tuttavia dobbiamo fare la fatica di convertire il valore di |G|d B nel primo dei diagrammi di Bode in |G| espresso come numero puro ossia come grandezza adimensionale.

Esercizio

Applica le formule e compila la tabella con i risultati. I valori di G li avrai scritti nella tabella precedente! In quanto all'ingresso: ampiezza 120 V, fase iniziale nulla e frequenze comprese tra 2.5 e 2500 Hz.

f (Hz)	|G| dB	|G| = = 10 ^(|G|dB/20)	|Uout|	|_(G (°)	|_Uout
0.01 ft =2.5					
0.1 ft =25					
ft = 250					
10ft = 2500					

19

Analizza il sottostante diagramma di Bode delle ampiezze. Esso si riferisce ad un circuito utile come *filtro passa banda.*
Sapresti spiegare il perchè di questa espressione?

....

....

Quali sono le cosìddette frequenze di taglio inferiore e superiore (rispettivamente finf e fsup)?
Esprimile sia in rad/sec (ωinf e ωsup) che in Hz (finf e fsup).

....

....

Quanto vale l'ampiezza della f.d.t. in centro banda ovvero per frequenze comprese tra ωinf e ωsup?

....

Sapresti esprimerla come numero puro?

....

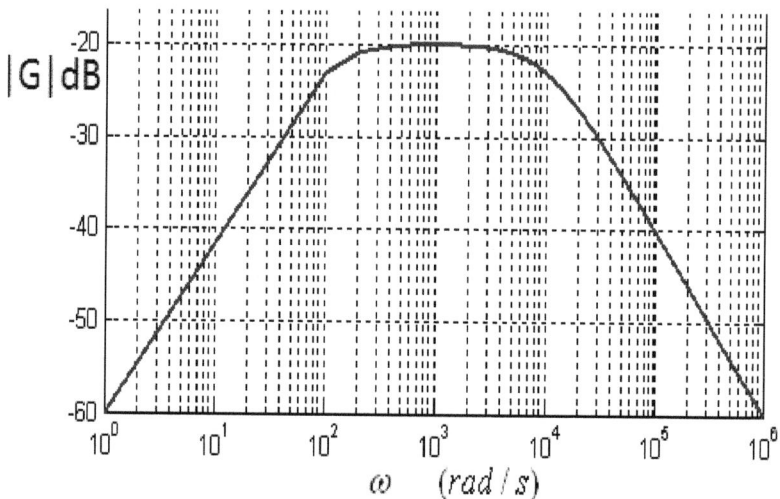

Domande

Nei diagrammi di Bode quali grandezze sono rappresentate in scala logaritmica e quali in scala lineare?

....

Quali sono i vantaggi e gli svantaggi delle due modalità di rappresentazione?

....

Che cos'è una decade?

....

Quante decadi separano le due frequenze 300 e 300 kHz?

....

La frequenza 0 Hz non viene mai mostrata nei diagrammi di Bode. Perché?

....

....

Che cos'è la fase iniziale del vettore rotante?

....

Scrivi accanto a ciascuno dei due vettori della figura iin alto alla pagina seguente la rispettiva fase iniziale.
Osservare la figura in basso alla pagina seguente ti aiuterà a capire come misurare la fase.

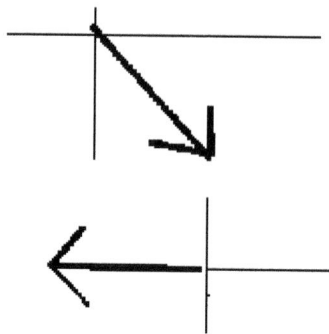

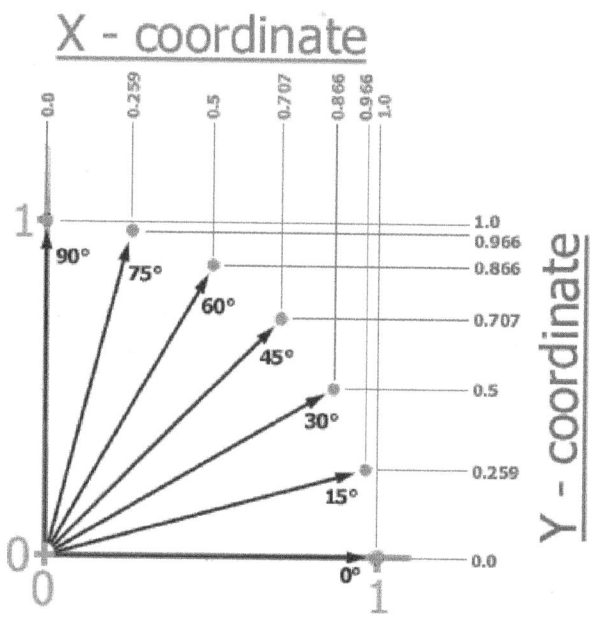

X - coordinate

Y - coordinate

Analizza il diagramma di Bode delle ampiezze (in inglese gain è il guadagno ovvero l'ampiezza di f.d.t.) di un filtro passa alto.

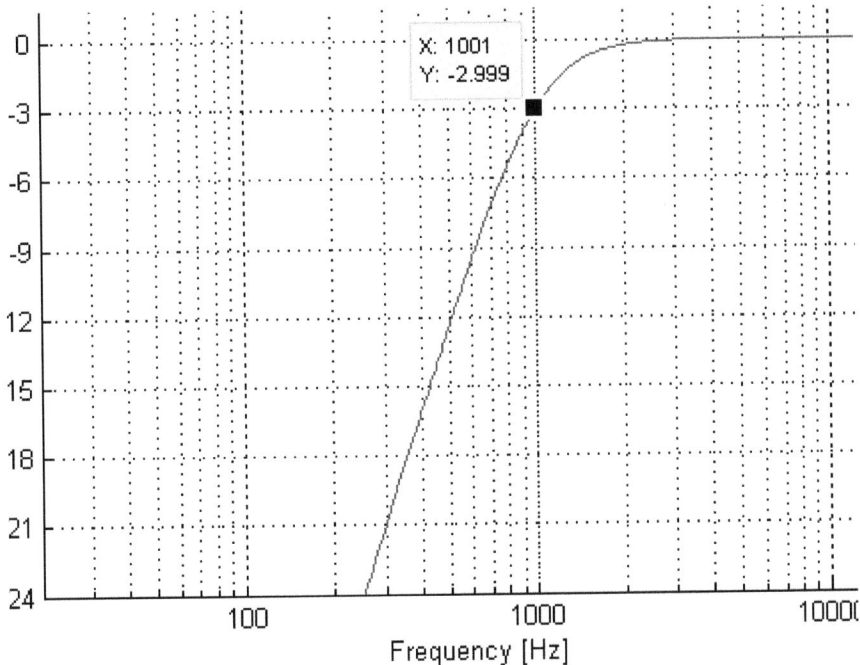

Sapreste indicare la sua frequenza di taglio?

....

Sapresti descrivere il comportamento del filtro passa alto?

....

23

BIBLIOGRAFIA E FONTI DELLE IMMAGINI

http: //freespace.virgin.net/hugo.elias/routines/rotate.htm

http:// www.itichiavari.org

CLIL METHODOLOGY

INTRODUCTION INTO THE CONTROL THEORY

Control is used when we want to change a system state (usually, but not necessary the output) in a controlled manner.
In the control theory we say that we want to ensure tracking of the desired or the reference value. In most cases this can be achieved by appropriate selection of input value.
When we are talking about control, we therefore distinguish between two types of control:
• open-loop control (steering) and
• closed-loop control (feedback-control or regulation).
Decision, whether to use open- or closed-loop control always depends on the requirements of operation. Open-loop control does not eliminate the effects of disturbances (such as the changing load) and does not provide precise tracking of the desired value. The system responds to the input value, but this does not mean that by it we can prescribe an output value. This can only be achieved by using closed-loop control – feedback-control or regulation.

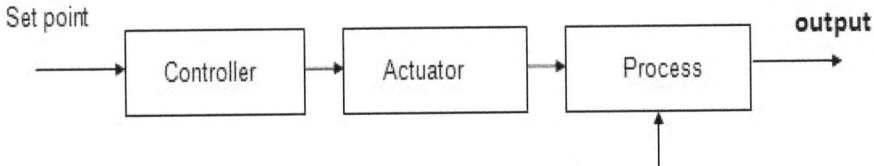

The figure above shows the block diagram ot the open loop system.
Open-loop control systems are those in which your controller tells your system to do something, but doesn't use the results of that action to verify the results or modify the commands to see that the job is done properly.
Closed-loop control continuously monitors the performance of your system and changes the commands as necessary to stay on track.

25

The figure below shows an example of such a feedback control, which contains the reference block Ref., controller Control and object of the control or control plant System. Output of the reference block is a desired value of the output value r, which is compared (by subtraction) with the actual value at the output y. The difference between them is called the control error, and presents the input of the controller. Controller output u is also the input into the control plant, whose output is the output variable y. Additionally there is an important input influencing the behavior of the controlled system which we call disturbance and is marked with d. The task of the controller is to provide a satisfactory tracking of the desired value and to eliminate the influence of disturbances.

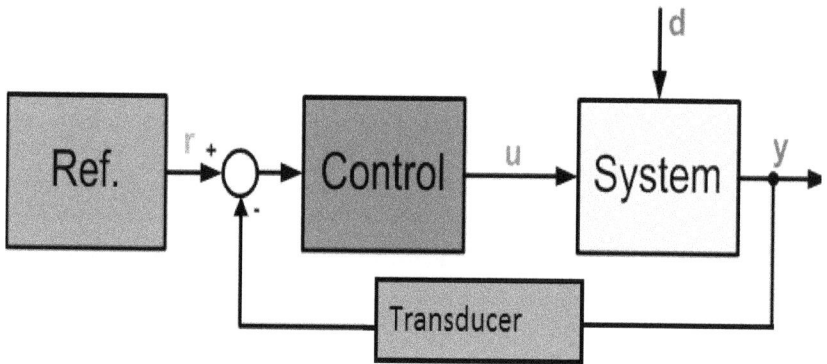

Questions

Draw the block diagram of the open loop system.

....

....

....

....

....

....

Draw the block diagram of the closed loop system.

....
....

What are the two types of control?
....
....
....
....

What are the disadvantages of open-loop control?
....
....
....
....
....

VERSO L'ESAME DI STATO

Indice del modulo

LA SECONDA PROVA

Tema di: TECNOLOGIE E TECNICHE DI DIAGNOSTICA E MANUTENZIONE DEI MEZZI DI TRASPORTO – sessione 2015

Indirizzo: IPMM – MANUTENZIONE E ASSISTENZA TECNICA

OPZIONE MANUTENZIONE MEZZI DI TRASPORTO

SECONDA PARTE

SCHEDA PER LA RISOLUZIONE DEL QUESITO N°1 DELLA SECONDA PROVA SCRITTA

QUESITO N°1

Osserva lo schema alla pagina seguente. Nonostante sia stato inserito il comando del condizionatore manuale, il compressore non si attiva. Indicare, attraverso l'analisi dello schema elettrico di principio del condizionatore dell'aria sotto riportato, quali possono essere le cause nel caso in cui il relè della frizione elettromagnetica non si attiva e nel caso in cui il relè della frizione elettromagnetica si attiva. Per entrambi i casi specificare le azioni necessarie per ripristinare l'efficienza del sistema.

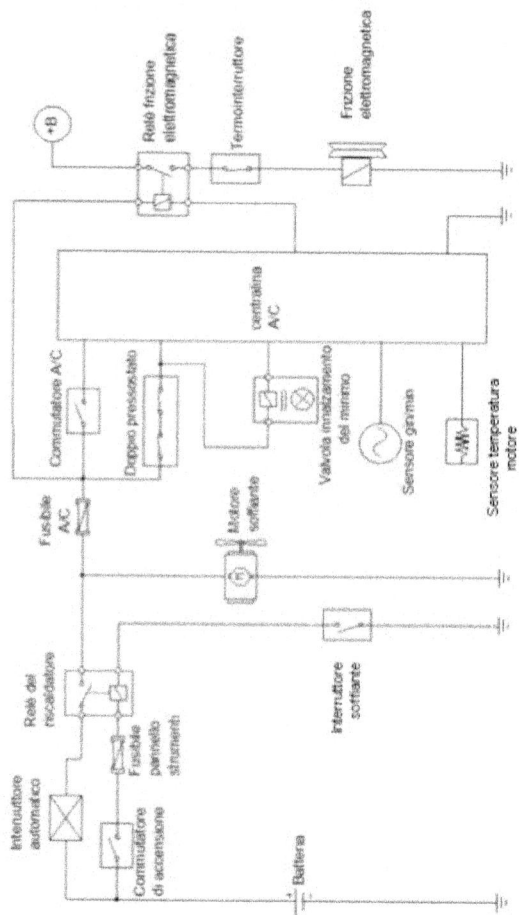

+B

Relè frizione elettromagnetica

Termointerruttore

Frizione elettromagnetica

Commutatore A/C

Doppio pressostato

Valvola minalizzamento del minimo

Sensore giri/min

Sensore temperatura motore

centralina A/C

Fusibile A/C

Motore soffiante

Relè del riscaldatore

Fusibile pannello strumenti

Interruttore soffiante

Interruttore automatico

Commutatore di accensione

Batteria

30

Propongo una soluzione per il quesito in quanto pertinente all'elettronica.

Analizzando lo schema da sinistra verso destra individuiamo le varie cause di non funzionamento:

se intervengono il fusibile del pannello strumenti o il fusibile A/C essi vanno sostituiti in quanto la cartuccia di questi componenti non può essere ripristinata. Essi intervengono a causa di una sovracorrente (sovraccarico o corto circuito). Il fusibile pannello strumenti se interrompe la linea in cui è inserito, anche con commutatore di accensione e interruttore soffianti entrambi chiusi, impedisce alla bobina del relais di ricevere la corrente di eccitazione: il contatto n.o di tale relais rimarrà aperto impedendo di fatto l'alimentazione di tutti i componenti a valle di esso. In altre parole se interviene il fusibile la centralina e' disalimentata e non si interromperà qualunque azionamento.

La bobina del relè del riscaldatore, il commutatore di accensione e l'interruttore della soffiante sono collegati in serie. Se azioniamo gli ultimi due (la figura li mostra aperti in quanto non azionati) e il fusibile è ben funzionante la corrente va ad eccitare la bobina del relè del riscaldatore; il contatto normalmente aperto di tale relè è posto in serie con l'interruttore automatico. Se c'è una sovracorrente in tempi più o meno brevi il circuito si apre a causa della cartuccia che si fonde; in tal caso il fusibile andrà sostituito pena il non funzionamento di tutto l'impianto. Anche l'interruttore automatico (quadro elettrico) può interrompere il circuito. In tale eventualità l'intervento non è necessaria la sostituzione dello stesso ma la sua richiusura da parte dell'operatore. Detta richiusura avviene senza problemi se è stata individuata ed eliminata la causa della sovracorrente.

Infine la centralina stessa può impedire l'eccitazione del relais di frizione elettromagnetica.

Analizzando la linea in cui è inserita la frizione elettromagnetica, osserviamo che il contatto N/O del relais o il termo interruttore (il contatto è chiuso in condizioni ordinarie) possono entrambi impedire il funzionamento della frizione .

31

LA TERZA PROVA

Sono nel seguito riportate diverse proposte di III prova per la disciplina
TECNOLOGIE ELETTRICHE ED ELETTRONICHE.

SIMULAZIONE III PROVA DI TECNOLOGIE ELETTRICO ELETTRONICHE

CLASSE 5

Studente:_____

1) Il candidato descriva le caratteristiche di alcuni trasduttori di temperatura.

....
....
....
....
....
....
....
....
....

2) Draw the diagrams of the open loop control and the closed loop control systems.

....
....
....
....
....
....
....
....
....

3) Scala lineare e scala logaritmica: il candidato mostri le differenze tra le due modalità di rappresentazione delle grandezze.

....
....
....
....

SIMULAZIONE III PROVA DI TECNOLOGIE ELETTRICO ELETTRONICHE

CLASSE 5

Studente:_____

1) Un pulsante N.O. START e un pulsante N.O. STOP sono collegati al PLC (serie Siemens S7300) e consentono rispettivamente l'avvio e l'arresto del relè contattore KM. Il candidato:

- mostri lo schema dei collegamenti ingressi e uscite al PLC.

- scriva il programma in grafcet.

....
....
....
....
....
....
....
....
....

2) Il candidato mostri un circuito che veda l'utilizzo di un trasduttore di luminosità e ne spieghi il funzionamento.

....
....
....
....
....
....

3) Scala lineare e scala logaritmica: il candidato spieghi le differenze tra le due modalità di rappresentazione delle grandezze.

SIMULAZIONE III PROVA DI TECNOLOGIE ELETTRICO ELETTRONICHE

CLASSE 5

Studente:_____

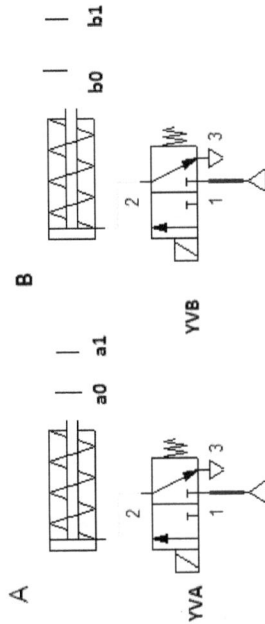

1)
Al plc abbiamo collegato un pulsante N.O. START oltre ad a0, a1, b0, b1,
YVA ed YVB come da schema elettropneumatico riportato sopra.
Desideriamo una volta premuto START eseguire il ciclo singolo A+B+/A-
B-.Scrivi il codice *grafcet* per realizzare l'automazione descritta.
....
....

35

....

....

....

....

....

....

....

....

....

....

....

....

....

....

....

....

....

....

....

....

....

....

....

2) Quali grandezze sono rappresentate nei diagramma di Bode ?
In quale scala?
Traccia l'andamento tipico del diagramma di *Bode delle ampiezze* di un
filtro passa basso.

....

....

....

....

3) Spiega il significato dei seguenti parametri dei trasduttori: campo di
impiego, linearità, offset e funzione di trasferimento.

....

....

....

Studente:_____

1)

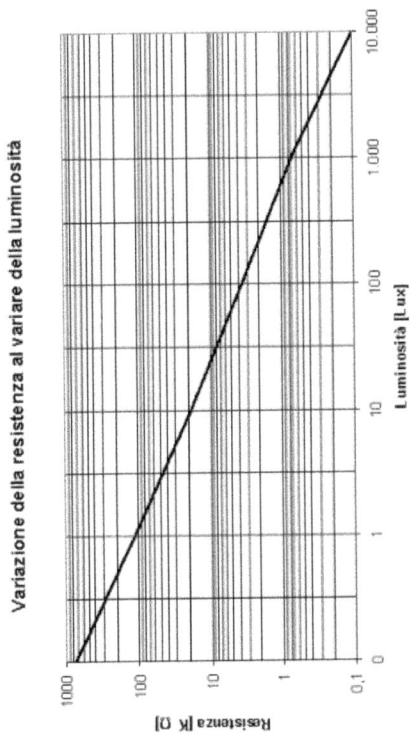

Osserva il grafico riprodotto sopra che si riferisce ad un fotoresistore.
Le grandezze sugli assi sono rappresentati in scala logaritmica oppure

lineare?

....

....

....

....

....

Quante decadi sono mostrate sulle ordinate?

....

....

....

Quante decadi sono mostrate sulle ascisse?

....

Quale valore viene fornito dal foto resistore in caso di minima intensità
luminosa (buio)?

....

Quale valore viene fornito dal foto resistore in caso di massima intensità
luminosa (piena luce)?

....

2)

A

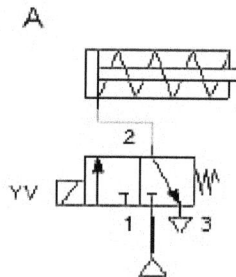

Osserva il circuito elettropneumatico riprodotto qui sopra.
Classifica i componenti
A:

....

....

YV:

....
.

Quale corsa viene compiuta dal cilindro con YV eccitata?

....

3)
Al plc sono connessi YV e un pulsante n.o. START.
Scrivi il codice grafcet che consente di effettuare la corsa positiva del
cilindro A premendo il
pulsante START. La corsa negativa deve avvenire semplicemente
rilasciando il pulsante START.

....
....
....
....
....
....
....
....
....
....
....
....
....
....
....
....
....
....
....
.

TRASDUTTORI

Indice del modulo

DEFINIZIONI E APPLICAZIONI

I trasduttori convertono una grandezza fisica (ad esempio: temperatura, posizione, intensità luminosa) in una grandezza di tipo elettrico (ad esempio: resistenza, corrente, tensione).

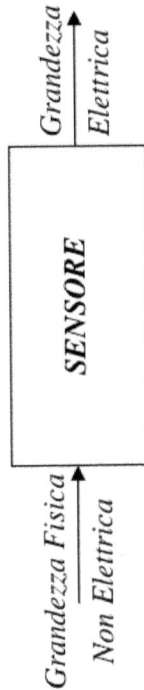

Lo schema sottostante descrive come è fatto un sistema di acquisizione dei dati e mostra quanto importante sia il ruolo dei sensori.

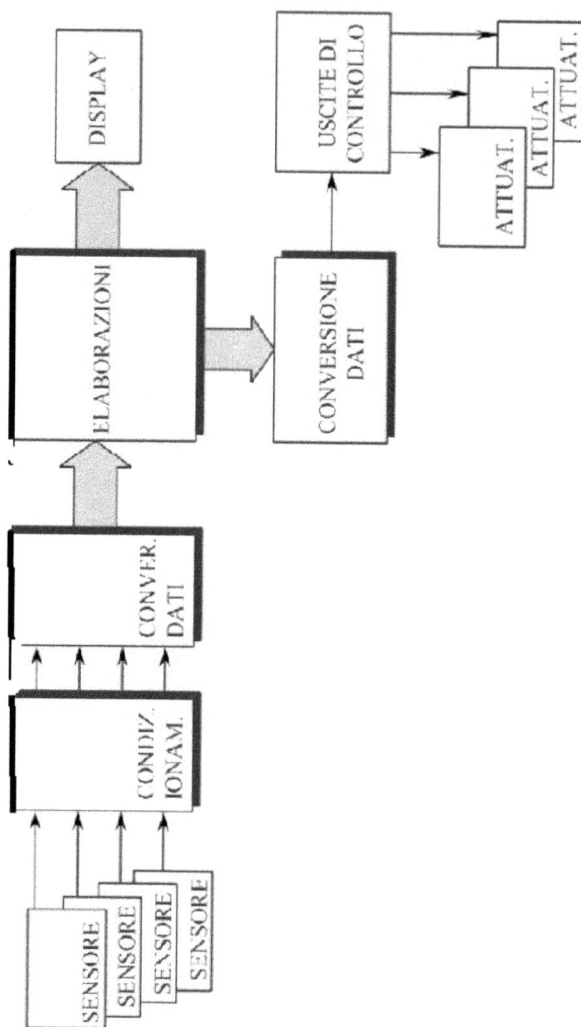

I sensori forniscono informazioni sul mondo esterno (ad esempio la temperatura della nostra casa, il livello della benzina nel serbatoio, la pressione dei pneumatici, l'intensità luminosa in un teatro) nella forma di segnali elettrici; questi portatori di informazione vanno adattati in livello,

amplificati traslati; queste operazioni costituiscono il *condizionamento*.
Successivamente questi dati per apparire sul display ed essere da noi letti vanno convertiti in digitale; in questo modo i sensori svolgono un primo compito essenziale che è il MONITORAGGIO DELLE GRANDEZZE FISICHE. Pensiamo alle informazioni che possiamo leggere sul quadro dell'automobile: velocità, livello di carburante, cinture di sicurezza correttamente allacciate, porte anteriori e posteriori chiuse bene.
Non è tutto.
Il nostro sistema automatico, se ben progettato, sulla base delle informazioni ricavate dai sensori, modifica la realtà circostante.
In particolare sono gli attuatori che per l'appunto "attuano" queste modificazioni: una lampada può accendersi automaticamente quando al crepuscolo la luce si riduce eccessivamente per le nostre esigenze, una pompa idraulica può attivarsi ed asportare l'acqua quando il livello di essa in un bacino sale oltre il limite consentito, la ventola può attivarsi quando il pc si sta surriscaldando.
Pertanto nei sistemi automatici i sensori, affiancati agli attuatori che sono meccanismi che operano una trasformazione inversa ovvero da grandezza elettrica a grandezza fisica, consentono la REGOLAZIONE E IL CONTROLLO.

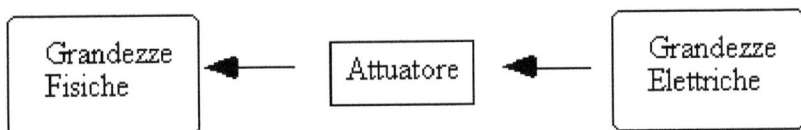

```
┌──────────┐      ┌──────────┐      ┌──────────┐
│ Grandezze │◄──── │ Attuatore │◄──── │ Grandezze │
│ Fisiche   │      └──────────┘      │ Elettriche│
└──────────┘                         └──────────┘
```

Domande

Che cos'è un trasduttore?
....

Che cos'è un attuatore?
....

Che cos'è il condizionamento?
....

Quali sono i due fondamentali compiti dei trasduttori?

....

Il sensore del livello dell'olio motore è digitale o analogico? Perchè?

....

Indica se i dispositivi seguenti sono sensori o attuatori:

- lampada

- led

- motore a corrente continua

- relè

- finecorsa

- termocoppia

I dispositivi in commercio spesso integrano al loro interno anche alimentatori stabilizzati,
amplificatori di segnale, dispositivi di comunicazione remota, ecc. In quest'ultimo caso si preferisce definirli trasduttori.
D'ora in poi noi useremo indifferentemente i termini trasduttore e sensore.
In quanto all'uscita dei trasduttori è imporante distinguere tra segnali *analogici* e *digitali*.
I primi possono assumere qualunque valore in un certo intervallo.
Il circuito integrato *AD590* riprodotto nella figura sottostante è un *sensore analogico.* fornisce un microampere per ogni grado di temperatura espresso in grado Kelvin: la sua uscita è una corrente che può assumere qualunque valore tra 218 microampere e 423 microampere.

Un finecorsa fornisce uscita 24 V (valore logico "1") al PLC quando lo stelo del cilindro è ,ad esempio, del tutto fuoriuscito altrimenti il finecorsa fornisce una tensione fluttuante esattamente come farebbe un interruttore aperto (valore logico "0") .
Per questo il *finecorsa è un sensore digitale.*

PARAMETRI DEI TRASDUTTORI

I parametri sono le qualità specifiche di un trasduttore. Essi orientano le scelte del tecnico e del progettista che ad esempio tra un finecorsa e una fotocellula, entrambi sensori di posizione, decidono da adottare la seconda e non il primo in base a criteri quali il campo di impiego, la precisione, la velocità di risposta oltre naturalmente al costo e l'adeguatezza della soluzione del problema.

Campo di misura (o campo di impiego): differenza tra il valore massimo e il valore minimo della grandezza fisica in ingresso.
Se un trasduttore di temperatura è idoneo a rilevare temperature nell'intervallo 500 °C – 1000 °C diremo che il suo campo di impiego è 1000 – 500 = 500 °C.

Precisione: è una misura di quanto la sua uscita sia ripetibile su ripetuti esperimenti.
Non va confusa con l'accuratezza.

45

Ecco come si calcola:

Se e_{MAX} rappresenta la variazione massima di lettura del trasduttore in corrispondenza dello stesso valore della grandezza misurata (praticamente e_{MAX} è la differenza tra il dato maggiore e il dato minore trovati effettuando la stessa misurazione). Perchè ripetendo di fatto la stessa misura rileviamo valori diversi?

Ciò avviene per *errori casuali* (variazioni nella temperatura ambiente, piccole vibrazioni...)

$$\text{precisione} = \frac{e_{MAX} \cdot 100}{\text{campo di misura}}$$

Accuratezza : massimo valore della differenza tra la grandezza fisica in ingresso al sensore e quello *desumibile* in uscita. Di solito la l'accuratezza viene espressa come percentuale del campo di impiego. Dunque essa non è altro che il massimo errore che può compiere il trasduttore. Facciamo un esempio. Se usando una termocoppia deduco che la temperatura di un forno è 500 °C mentre, tramite un trasduttore assai più preciso, accerto che in realtà la temperatura reale è 510 °C allora potrò misurare un errore pari a 10 °C. Compiendo vari esperimenti se accerto che questi 10 °C costituiscono effettivamente il *massimo errore possibile allora affermerò che la accuratezza del mio trasduttore* (nell'esempio la termocoppia) è 10 °C. Ma siccome l'errore compiuto dipende dal valore della grandezza fisica in ingresso allora anzichè indicare che la precisione è 10 °C sarà più utile affermare:

$$\text{accuratezza} = \frac{\text{massimo errore}}{\text{campo di impiego}} = \frac{10\ °C}{1000\ °C} \cdot 100 = 1\%$$

E' importante sottolineare che l'accuratezza a differenza della precisione di cui abbiamo già parlato
dipende dagli errori sistematici (ad esempio abbiamo sbagliato la calibratura dello strumento).

Domande

So che due trasduttori di pressione dell'olio motore hanno valori di accuratezza differenti:
il primo ha il 2% e il secondo il 10%.
Quale dei due è preferibile ovvero più accurato? (attenzione ai trabocchetti......)
....
....

Quale proprietà del trasduttore fornisce un'indicazione degli errori sistematici?
....

Quale proprietà del trasduttore fornisce un'indicazione degli errori casuali?
....

Esercizio

Abbiamo testato le prestazioni di un trasduttore di posizione. Ecco alcuni "errori" da noi rilevati:

20 mm, 8 mm, 17 mm, 3mm, 1 mm.

Tale trasduttore è in grado di rilevare posizioni da 0 mm fino a 10 cm.
Calcola il campo di impiego
....

Qual'è l'accuratezza?
....

Caratteristica di trasferimento (caratteristica) :
è la relazione che ci mostra come varia la grandezza d'uscita del trasduttore (che come già detto è di tipo elettrico) rispetto alla grandezza fisica in ingresso.

U = f(Uin)

47

Con l'espressione sopra intendiamo che U è funzione di Uin.
Facciamo un esempio.
Se tale funzione è *lineare* allora potremo riscriverla così:

U = costante · Uin
se rappresentassimo in ordinata U e in ascissa Uin otterremmo una semplice *retta*.

Esercizio

Il grafico sottostante rappresenta la Caratteristica di trasferimento relativa ad un trasduttore di posizione (in pratica converte la posizione in mm di un cursore in tensione elettrica espressa in Volt).
- qual'è il valore della costante che lega U a Uin?
- Leggi il grafico e compila la tabella:

Uin (mm)	U (Volt)
5	
6	
7	
8	
9	
10	
11	
12	

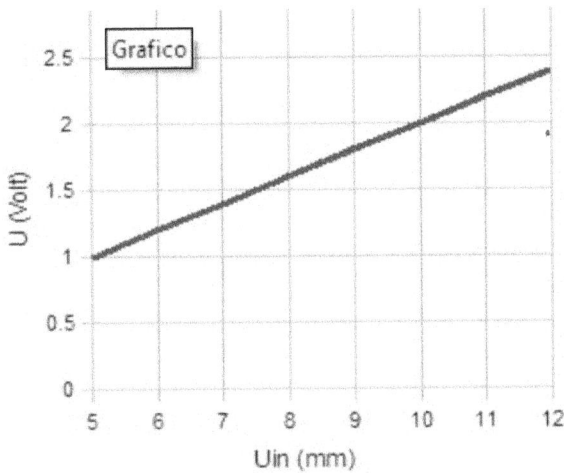

Grafico

Analizza ora la caratteristica di alcune termocoppie. Come già detto in precedenza esse sono sensori di temperatura che forniscono in uscita un valore in Volt variabile a seconda dei gradi di temperatura del corpo con cui sono poste in contatto. Le lettere E, J, K...differenziamo i vari tipi di termocoppia in base ai materiali con cui sono realizzate.

Rispondi alle domande:

le varie caratteristiche sono tutte perfettamente lineari? Guardando bene no poichè "sono quasi rette" e nel considerarle rette, visto che in realtà hanno andamento esponenziale) compiremo un *errore di linearità*. Ordinale in base alla linearità crescente (non è facile aguzza la vista!):
....
....

Indica il campo di impiego e costante di ogni tipo compilando la tabella.
E' evidente che sforzandoci di calcolare la costante soprassederemo sulla non linearità di questi trasduttori.

tipo	campo di impiego (C°)	costante (mV/°C)
E		

49

J		
N		
R		
S		
T		
K		
B		

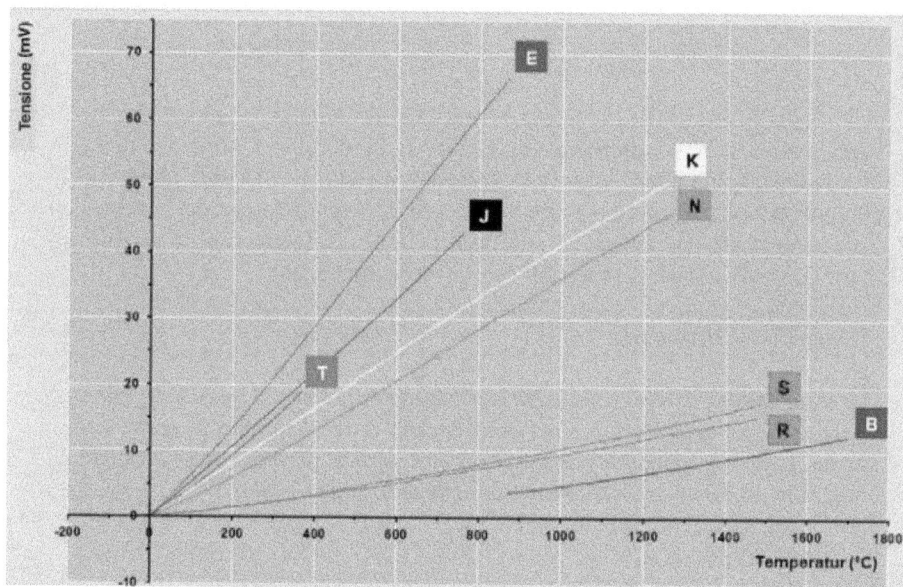

Linearità: proprietà di un trasduttore di fornire un legame di proporzionalità tra ingresso e uscita in tutto il campo di valori in cui viene utilizzato (campo di impiego). Con l'espressione *errore di linearità* intendiamo lo scostamento tra l'andamento teorico (retta) e l'andamento reale della caratteristica di trasferimento.

Intendiamoci: un trasduttore che non sia affatto lineare serve davvero a poco perchè mi riesce difficile risostruire il valore della grandezza fisica in

ingresso.
Volendoci accontentare almeno dovremmo accettare che il trasduttore abbia una caratteristica lineare a tratti ovvero sia interpretabile come una spezzata composta da rette con pendenze diverse.

Esercizio
Un trasduttore di temperatura mi fornisce 1 V quando la temperatura della stanza è 10 °C mentre fornisce 5 V quando la temperatura sale a 20 °C. Questo trasduttore ha una caratteristica lineare secondo te? Perchè?
....

Offset: valore dell'uscita del trasduttore quando l'ingresso è nullo. E' ovviamente un valore indesiderato e più è ridotto meglio è. Nel caso di perfetta linearità la presenza di un offset farà sì che la caratteristica di trasferimento sarà una retta NON passante per l'origine con espressione

U = costante · Uin + offset
Il tutto è rappresentato nella figura sottostante a destra.

Esercizio

Osserva la prima figura sottostante. Quanto vale l'offset del trasduttore?.....

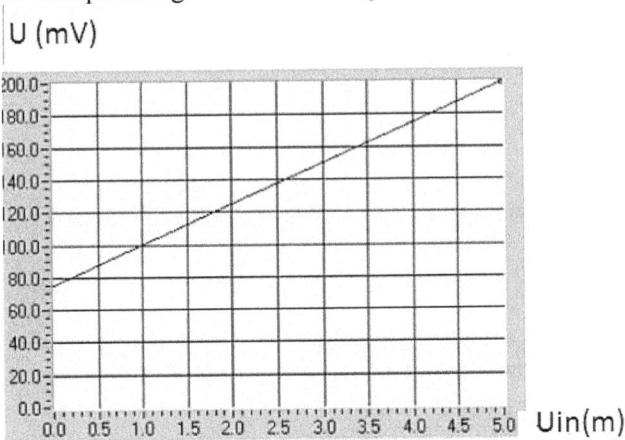

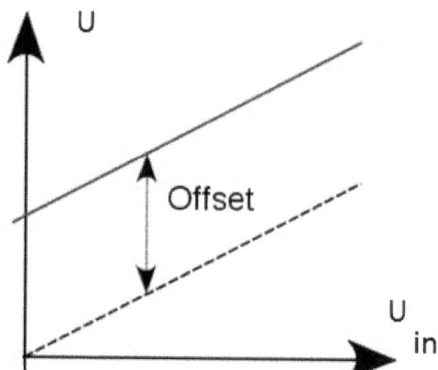

Stabilità: attitudine del trasduttore a mantenere invariata la caratteristica di trasferimento al variare del tempo, della temperatura, dell'umidità e di altri fattori ambientali.

*Sensibilità:*rapporto tra la minima variazione apprezzabile del segnale in uscita e la corrispondente variazione del segnale in ingresso.

Esercizio
In quale unità di misura sarà espressa la sensibilità del trasduttore descritto nella figura precedente?
....

Risoluzione: è la minima variazione di Uin che produce variazioni apprezzabili in uscita.

Domande

In quale unità di misura sarà espressa la risoluzione del trasduttore descritto nella figura precedente?
....

Per giudicare la qualità di un trasduttore è bene che i numeri esprimenti risoluzione e sensibilità siano piccoli o grandi?
....

TRASDUTTORI DI POSIZIONE

Tratteremo i potenziometri, i finecorsa e le fotocellule. Tutti questi

52

dispositivi permettono il rilevamento della posizione di un oggetto.

POTENZIOMETRI

Il potenziometro consente tramite un perno di variare la resistenza da 0 Ohm fino ad un valore massimo.
E' evidente che se ancoriamo un oggetto mobile al perno allora realizziamo con il potenziometro un trasduttore di posizione.
L'immagine sottostante mostra il simbolo del trasduttore ed evidenzia i tre terminali 1,2 e 3.

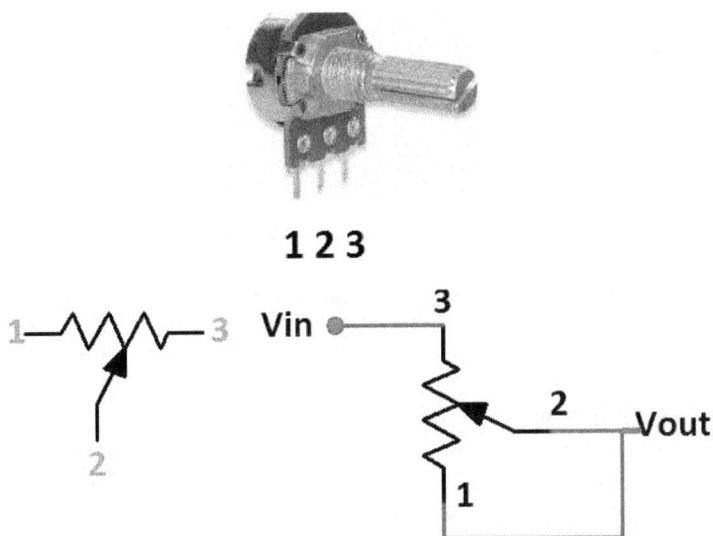

Se un circuito *necessito di una resistenza variabile* per esempio per modificare la sensibilità di un trasduttore di luminosità o di temperatura, come vedremo nei prossimi paragrafi, allora dovrò collegare certamente il pin centrale 2 e uno qualsiasi dei pin alle estremità (indifferentemente 1 oppure 3).

Esercizio

Procurati un potenziometro rotativo e con il multimetro misura la resistenza R12 tra i terminali 1 e 2 e la resistenza R23 tra i terminali 2 e 3 nelle tre seguenti situazioni:

perno portato nella posizione iniziale antioraria:
R12.....................R23.......................
perno portato nella posizione terminale antioraria:
R12.....................R23.....................

Se il perno è rivolto verso di te muovendolo in senso antiorario R12 aumenta oppure diminuisce?

....

Quanto vale la resistenza tra le estremità 1 e 3?

....

Spesso utilizziamo il potenziometro rotativo per *realizzare un partitore di tensione variabile.*
Osserva il circuito nella parte destra dell'immagine soprastante: Vout è la tensione ai capi della resistenza tra i terminali 1 e 2 che abbiamo già denominato R12. Essendo R12 variabile anche la tensione Vout non potrà che essere variabile! In questo caso dovranno essere collegati tutti e tre i terminali del potenziometro: 1 al polo positivo del generatore di tensione continua, 3 al polo negativo unitamente al puntale GND del multimetro e 2, nel nostro esempio, al puntale V del multimetro (modalità voltmetro).

Esercizio

Realizza lo schema pratico su breadboard del circuito sottostante. Successivamente realizza praticamente il montaggio:

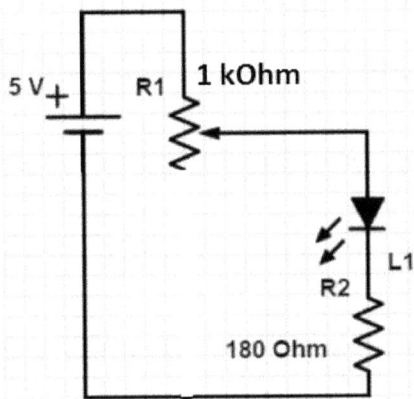

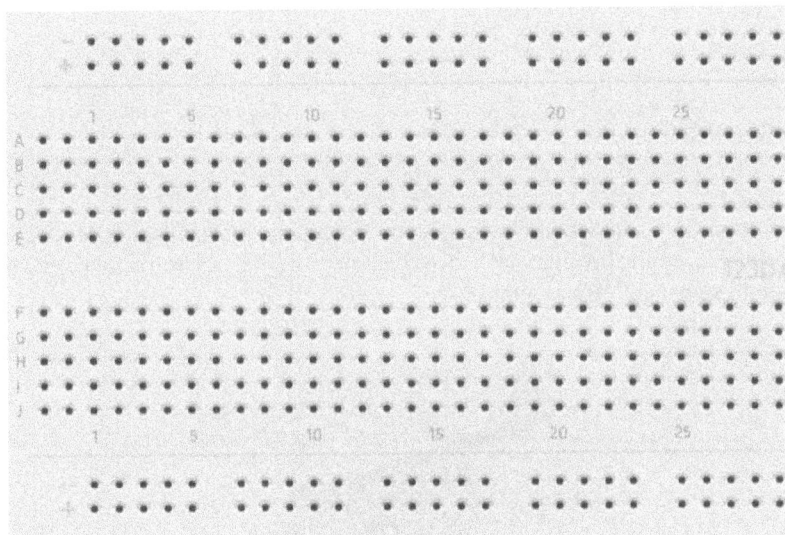

Domande

In relazione al circuito che hai appena realizzato: nella situazione di massima luminosità del led la resistenza del potenziometro è minima oppure massima?

....

....

Spiega quale guasto rischierebbe il circuito se rimuovessimo il resistore
fisso da 180 Ohm.

....

....

Qual'è la distanza di rilevamento di una fotocellula a sbarramento?

....

Quali sono le due applicazioni tipiche del potenziometro?

....

....

FINECORSA

La fotografia soprastante raffigura un finecorsa meccanico utile nelle
macchine a controllo numerico o per intervenire all'apertura di passaggi
pedonali su cancelli o basculanti.

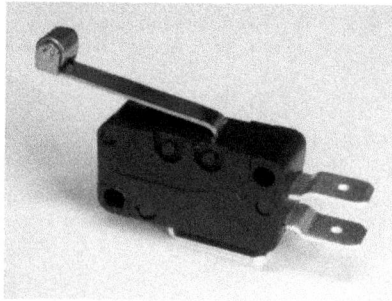

La pallina consente il rotolamento della superficie che azione il trasduttore.
I terminali   richiedono la saldatura. I terminali presenti (comune,

normalmente aperto e normalmente chiuso) sono idonei per il cablaggio con logica diretta (normalmente aperto) o con logica inversa (normalmente chiuso).

La figura sottostante invece mostra alcuni *interruttori magnetici di prossimità*; quelli riprodotti nella figura a destra sono utilizzati nella pneumatica come finecorsa e ci segnalano quando lo stelo del cilindro è del tutto fuoriuscito oppure rientrato.

Il contatti commutano quando un oggetto metallico viene avvicinato ai contatti: si generano polarità opposte che producono la deformazione dei sottilissimi e flessibili contatti. Quando l'oggetto metallico si allontana i contatti riprendono la loro posizione originaria.

L'azionamento di questi finecorsa magnetici *non* avviene per contatto diretto tra l'oggetto da rilevare e il sensore stesso; ciò li rende molto più rapidi dei *finecorsa meccanici*.

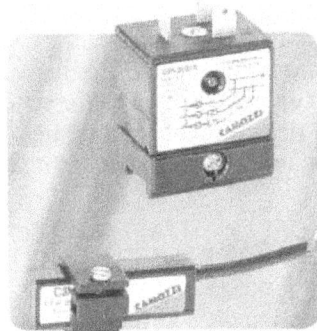

FOTOCELLULE

L'immagine mostra l'uso della fotocellula per il rilevamento delle bottiglie in una linea di riempimento ma tutti noi, anche al di fuori dell'ambito industriale, avremo osservato il funzionamento di questi trasduttori nella movimentazione degli ascensori, dei cancelli e delle porte automatiche.

Le fotocellule a sbarramento apprezzate anche per la notevole distanza di rilevamento (variabile tra i 5 e i 10 metri) si compongono di due parti: *l'emettitore di luce e l'elemento fotosensibile* presente nel ricevitore. Il fascio di luce che esce dall'emettitore tramite una lente focale, è concentrato su un ricevitore, quando il raggio è interrotto da un oggetto, cambia la sua condizione logica e quindi dà o nega un segnale.

TRASDUTTORI DI TEMPERATURA

Analizzeremo e confronteremo:

Interruttori termici a lamina bimetallica

Termoresistenze (RTD)
il suo simbolo corrisponde a quello di un resistore variabile:

Termistori (Trasduttori di temperatura a *semiconduttore*)

SIMBOLO GENERICO DEL TERMISTORE	
PTC	
NTC	

Termocoppie
Circuiti integrati

INTERRUTTORI TERMICI A LAMINA BIMETALLICA

Due lamine di metalli diversi (per esempio, ferro e ottone) sono saldate insieme.

Quando la temperatura sale, i due metalli si dilatano diversamente

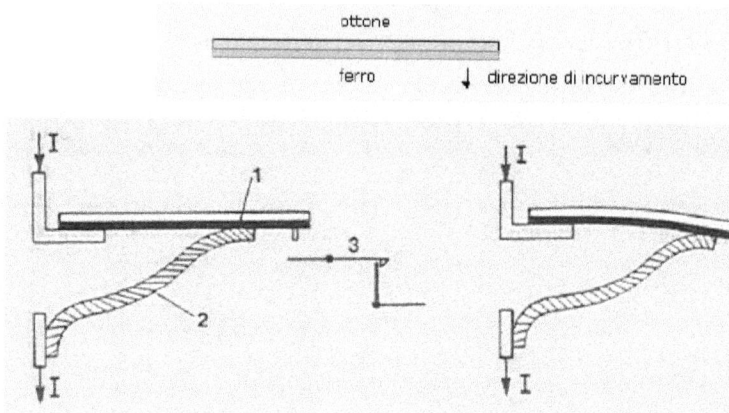

poichè hanno diversi coefficienti di dilatazione termica. La lamina bimetallica si incurva sempre di più all'aumentare della temperatura. Raggiunta una temperatura limite essa interrompe il circuito in cui è inserita. Questi dispositivi vengono spesso usati **termostati**, cioè come interruttori per la regolazione automatica dei dispositivi di riscaldamento (forni, ferri da stiro, scaldabagni) e negli interruttori magnetotermici.

Osserviamo la figura sotto che spiega il funzionamento del relè termico.

La corrente I circolante nell'impianto e nel relè stesso produce un effetto termico.

Questo in condizioni normali (figura in alto a sinistra) non causa alcun allungamento significativo nel bimetallo.

Se il valore della corrente aumenta e tale valore elevato permane per un certo tempo la lamina bimetallica allungata aziona meccanicamente il dispositivo 3 di sgancio che interrompe la circolazione della corrente in tutto il circuito prima che divenga pericolosa (figura in alto a destra).

I vantaggi di questo sensore sono il ridotto costo e la semplicità di realizzazione.

Domande

L'interruttore termico a lamina bimetallica è analogico o digitale? Perchè?

....

TERMORESISTENZE

Sono anche dette *RTD* (dall'inglese Resistance Temperature Detector):
la relazione ingresso – uscita è:

$$R(T) = R0 \cdot (1 + \alpha \cdot \Delta T)$$

R0 è la resistenza in Ohm dell'RTD alla temperatura di riferimento ad esempio 0 °C.
$\Delta T = T - T0$ ovvero la differenza tra la temperatura effettiva e quella di riferimento.
α è un coefficiente che dipende dal materiale che necessariamente deve essere un metallo.
Tale relazione parrebbe del tutto lineare considerando α una costante del materiale. In realtà anche a parità di metallo α varia con la temperatura.
Riportiamo la caratterische di due RTD Ni (Nickel) e Pt (al Platino)

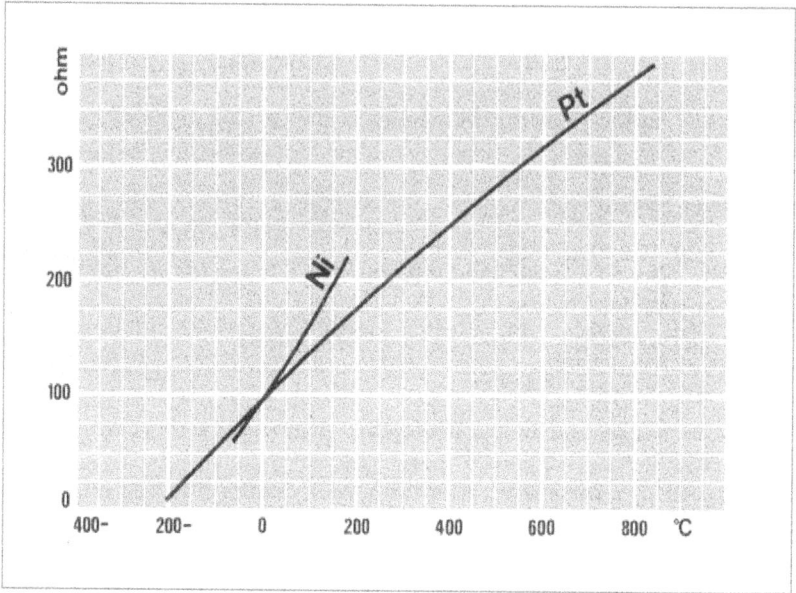

Domande

Osserva la figura sopra.
Qual'è il campo di impiego della RTD al nichel?
....

Qual'è il campo di impiego della RTD al platino?
....

Qual'è l'offset di entrambe le tipologie di RTD?
....

In base alla precedente espressione cosa possiamo dire dell'offset dell'RTD?
....

Considerando lineari entrambe le caratteristiche:
quanto vale la costante ovvero $R0 \cdot \alpha$ nella RTD Ni?
...............................Ohm/°C

quanto vale la costante ovvero $R0 \cdot \alpha$ nella RTD Pt?
.................................Ohm/°C

TERMISTORI (A SEMICONDUTTORE)

Si suddividono in:
PTC e NTC.

I termistori PTC (positive temperature coefficient) hanno un coefficiente di temperatura positivo il che significa che all'aumentare della temperatura esibiscono un valore di temperatura crescente. Ciò è certamente vero osservando il comportamento del PTC a partire da temperature maggiori della cosìddetta temperatura di switch (Ts).
I PTC sono realizzati per avere temperature di switch *(Ts)* da 0 °C a oltre 200 °C.
La figura illustra le curve caratteristiche tipiche per i PTC con Ts 60, 80, 100 e 120 C.
Sono riportate in ascissa le temperature in gradi Celsius e in ordinata Rt/R25.
Rt/R25 non è altro che il numero di volte che la resistenza (alla temperatura T) è aumentata rispetto al valore che aveva a 25 °C (praticamente la temperatura ambiente).
Nota che la scala delle ascisse è lineare mentre quella delle ordinate è logaritmica.
E' evidente che la caratteristica del PTC è fortemente non lineare come è evidente se osserviamo la figura nella zona iniziale (quella delle temperature inferiori a Ts). Qui la resistenza addirittura cala al cresceere della temperatura. Lo stesso comportamento lo si osserva nella zona finale (temperature elevate al limite del campo di impiego). Possiamo tuttavia osservare che:

- nella zona centrale della caratteristica il legame tra resistenza e temperatura (che in generale è esponenziale secondo una funzione diversa nei diversi tratti della caratteristica) è *linearizzabile* con ridotti margini di errore.

- la *sensibilità del ptc è elevatissima* poichè la curva è molto ripida dato il legame esponenziale tra resistenza e temperatura. Ciò rende i ptc particolarmente diffusi e utili nei circuiti di protezione dalle

63

sovratemperature che in tempi rapidi devono far intervenire ventilatori o altri attuatori in grado di raffreddare i componenti e scongiurarne dunque il danneggiamento.

Esercizio

PTC Thermistor Curve (Resistance vs Temperature)

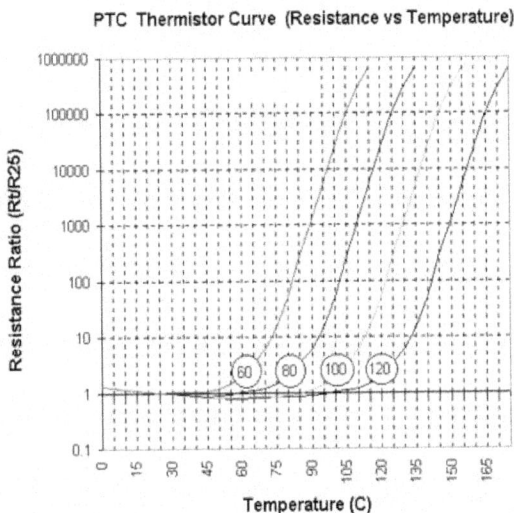

Osserva la curva con Ts = 60 °C.
Quanto vale Rt/R25 a 90 °C?..............................
Quanto vale Rt/R25 a 105 °C?..............................
Usa i dati che hai letto per linearizzare la curva.

Osserva la curva con Ts = 80 °C.
Quanto vale Rt/R25 a 110 °C?..............................
Quanto vale Rt/R25 a 125 °C?..............................
Usa i dati che hai letto per linearizzare la curva.

$Rt = R25 + ...\cdot T$

Osserva la curva con Ts = 120 °C.
Quanto vale Rt/R25 a 150 °C?..............................
Quanto vale Rt/R25 a 165 °C?..............................
Usa i dati che hai letto per linearizzare la curva.
Parliamo ora degli NTC. Essi hanno un coefficiente di temperatura negativo
quindi resistenza decrescente a fronte di temperature crescenti. Ecco la
caratteristica che mostra un andamento esponenziale, quindi fortemente non

lineare, tra ingresso e uscita. Ecco la relazione approssimata tra temperatura e resistenza; detta relazione viene fornita dal produttore del componente stesso.

$$R(T) = R_{100} \cdot e^{B_{100/125} \cdot \left(\frac{1}{T} - \frac{1}{T_{100}} \right)}$$

R_{100} = 0.493 kOhm $\qquad$ (± 5%)

$B_{100/125}$ = 3550 K (± 2%)

T_{100} = 373.15 K [T -in Kelvin]

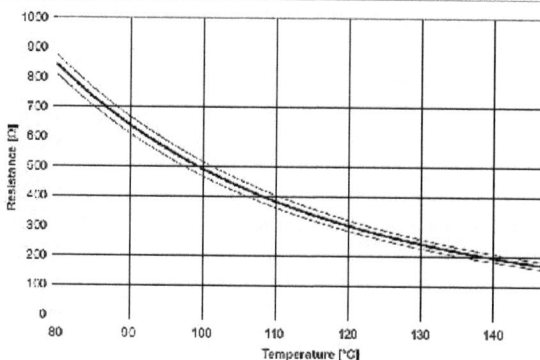

Esercizi

Osserva la curva e indica la resistenza dell' NTC per le temperature:
80 °C..
120 °C..
140 °C..

Ora prova a confrontare il valore di R a 80 °C con quello che ci avrebbe fornito la formula.

Ricordati che devi esprimere la temperatura in gradi Kelvin cioè devi sommare ai gradi °C la costante 273.

....

Ti pare che il valore fornito dalla formula sia accettabile rispetto a quello empirico, quindi più attendibile, leggibile nel grafico?

....

Analizziamo ora un circuito che fa uso dell'NTC per evitare il *surriscaldamento* di un componente; tuna ventola si aziona automaticamente quando la temperatura supera la soglia ammissibile (ad esempio 300 °C). Utilizzeremo un comune stagnatore per testare il circuito la cui punta verrà posta in contatto con l'ntc stesso. Ecco lo schema di principio:

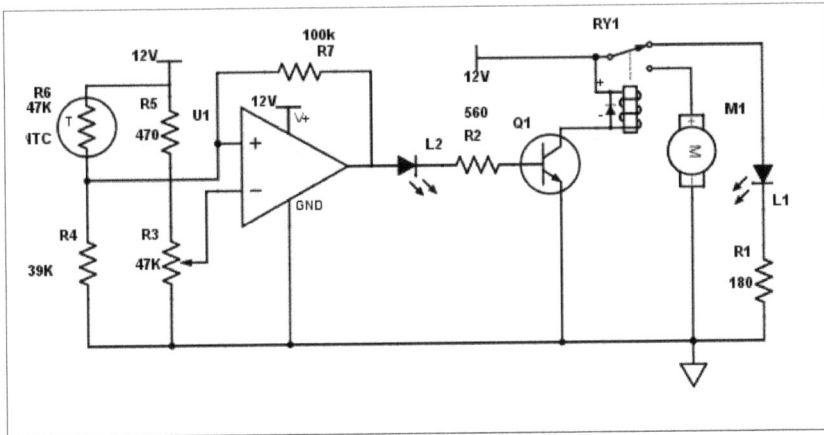

Osservando lo schema da sinistra verso destra notiamo un partitore di tensione formato dall'ntc R6 e dalla resistore fisso R4. L'ntc ha resistenza 47k a temperatura ambiente e tale valore può essere verificato con un semplice multimetro (portata 200k).

Il punto di unione tra l'NTC R6 ed R4 dunque "a freddo" stabilirà sull'ingresso non invertente (indicato con +) dell'amplificatore operazionale la tensione calcolabile con la formula:

$$\frac{12 \cdot R4}{R6 + R4} = \frac{12 \cdot 39}{47 + 39} = \frac{468}{86} = 5,44 \text{ V} = \text{Vtemp}$$

Questa tensione dipendente di fatto dalla temperatura la chiameremo d'ora in poi Vtemp.

Ora è evidente che man mano che la temperatura del saldatore aumenta, la resistenza dell'ntc (R6) calerà rapidamente dunque la tensione tenderà ad aumentare. Nota infati che il termine R6 compare a denominatore dunque se la resistenza associata all'NTC si riduce il risultato aumenta fino al massimo che è 12 V. Questo risultato teoricamente si otterrebbe con R6 pari a zero ma di fatto osservando le curve caratteristiche il valore minimo dell'NTC è qualche decina di Ohm. Ma questo non compromette la correttezza del ragionamento e praticamente la tensione imposta dal primo partitore varierà tra 5,44 V (quando la temperatura è quella ambiente dunque una ventina di gradi)

fino a poco meno di 12 V.

Ora abbandoniamo il primo partitore e osserviamo appena più a destra la presenza di un secondo partitore formato dal resistore fisso R5 e dal potenziometro R3. Quest'ultimo ha resistenza che ci consente di variare a nostro piacimento la *soglia di temperatura*. Ipotizziamo di aver selezionato con il cursore del potenziometro il valore di circa 2000 Ohm.

Il punto di unione tra R5 ed R3 impone questa volta la tensione applicata al nodo non invertente dell'amplificatore operazionale secondo la formula:

$$\frac{12 \cdot R3}{R5 + R3} = \frac{12 \cdot 2000}{2000 + 470} = \frac{24000}{2470} = 9,72 \ V = Vsoglia$$

Questa tensione dipendente dalla resistenza del potenziometro la chiameremo d'ora in poi Vsoglia.

E' evidente che se la aumentiamo eleviamo Vsoglia e ciò come comprenderemo tra poco ritarderà l'azionamento della ventola. Ad esempio possiamo verificare che con R3 = 3000 Ohm la Vsoglia è 10,37 V.

Ora veniamo all'amplificatore operazionale. Esso funziona da *comparatore non invertente* (non facciamoci ingannare dalla resistenza da 100 k inserita tra l'uscita e l'ingresso non invertente poichè essa serve solo per migliorare le prestazioni del comparatore e non introduce nessuna retroazione negativa): l'uscita dell'operazionale è pari a 12 V quando la tensione sul pin + (morsetto non invertente) *supera* la tensione sul pin − (morsetto invertente); detta uscita è invece pari a 0 V quando la tensione sul pin + (morsetto non invertente) *è inferiore* alla tensione sul pin − (morsetto invertente);

Ma come abbiamo già detto a temperatura ambiente cioè "a freddo" noi conosciamo i valori delle due tensioni (perchè le abbiamo calcolate!) che sono rispettivamente Vtemp = 5,44 V e Vsoglia = 9,72 V.

Dunque l'uscita dell'operazionale sarà 0 V visto che il pin + è a 5,44 V mentre il pin − è a 9,72 V.

Procediamo ancora verso destra nello schema e vediamo che l'uscita dell'operazionale è collegata all'anodo di un led L2; in serie vi sono la resistenza di protezione del led R2 e la base del transistor di tipo npn Q1. Vorrei rimandare a dopo la spiegazione dell'importanza di questo led per il buon funzionamento del circuito. Ora come si comporta il bjt Q1 visto che l'uscita dell'operazionale è 0 V?

Ebbene Q1 può *condurre* ossia lasciare fluire corrente nei diversi terminali b, c, e soltanto se la differenza di potenziale tra base ed emettitore (indicata con VBE) è superiore a circa 0,7 V.

E' evidente che nella nostra situazione che vede l'uscita dell'operazionale a 0 V il bjt Q1 non può che essere *interdetto (cioè blocca la circolazione di qualunque corrente)* !

Ne consegue che: la bobina del relè collegata al collettore non ricevendo corrente rimane diseccitata e non fa commutare i suoi contatti. Il motore dc che rappresenta la ventola di raffreddamento ed è collegato al contatto normalmente aperto (N.O. normally open) rimane *fermo;* il *led L1* collegato al contatto normalmente chiuso (N.C. normally closed) e collegato in serie alla resistenza di limitazione della corrente R1 = 180 Ohm è invece acceso segnalando che la temperatura è al di sotto dei limiti consentiti.

Ora analizziamo invece il caso in cui il nostra saldatore si è surriscaldato: Vtensione è superiore a Vsoglia, l'uscita dell'amplificatore è 12 V, led L2 acceso, il bjt conduce una corrente sul collettore che produce l'eccitazione della bobina e la commutazione dei suoi contatti. Il led L1 si spegne mentre il motore grazie al contatto N.O. ora connesso al comune e quindi a 12 V si attiva.

Approfondimento

Per concludere il ragionamento vorrei precisare che il led L2 serve non tanto a segnalare la conduzione del bjt bensì a compensare l'eventuale *offset dell'amplificatore operazionale-comparatore* .

In precedenza ho detto che se il pin + ha tensione inferiore al pin − l'uscita del comparatore è 0 V.

69

Tale affermazione è vera a meno dell'*offset*.

In pratica anziché 0 V potrei avere valori un po' superiori e diversi a seconda dell'integrato utilizzato.

0,7 V sono sufficienti a causare la conduzione indesiderata del bjt; in pratica la ventola sarebbe sempre attiva a prescindere dalla temperatura!

Ed ecco il ruolo di L2: esso introduce un'ulteriore tensione di soglia (il valore varia in base al colore del led ma è sempre superiore a 0,7 V) che di fatto fa "cadere" l'offset dell'operazionale interdicendo il bjt.

Domande

Osserva lo schema di principio a pagina 67 e descrivi brevemente i diversi componenti compilando la tabella sottostante.

Sigla del componente	Descrizione
R6	
R3	
R1, R2, R4, R5, R7	
Q1	
RY1	
L1,L2	

Scrivi il codice colore a quattro bande dei resistori fissi.

Resistenza	Valore in Ohm	I cifra	II cifra	moltiplicatore	tolleranza 10%
R1					
R2					
R4					
R5					
R7					

Nello schema elettrico analizzato sopra indica con una penna i terminali C, B ed E del bjt Q1. Successivamente numera i pin dell'amplificatore operazionale in base al pinout dell'integrato UA741 riportato qui sotto insieme a quello del BC489. Considera che non collegheremo (quindi non indicarli neppure nel circuito!) i pin 1, 5 e 8.

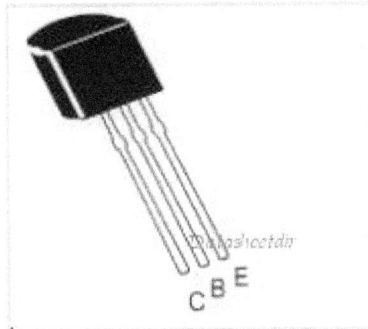

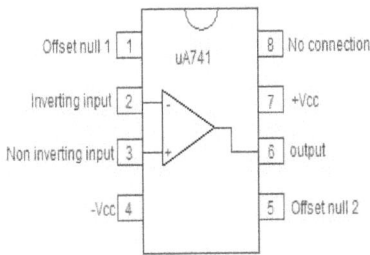

uA741 opamp Pinout and External appearance

Realizza lo schema di montaggio del circuito che abbiamo appena studiato utilizzando la breadboard sottostante. L'alimentazione (+12 V) sarà fornita da un alimentatore da laboratorio in cui avremo selezionato e verificato con il multimetro il livello di tensione.

Di seguito sono riportati i simboli per lo schema di montaggio. Ricorda che nel diodo comune (esempio 1N4007) una fascetta posta ad una delle estremità identifica il catodo. In quanto al relè
i due terminali per l'alimentazione della bobina e i contatti COMUNE (COM), N.O e N.C. sono individuabili con lo schema e i numeri stampati sulla superficie del relè stesso. In alternativa si può consultare sul web il foglio dati pubblicato dal costruttore stesso.

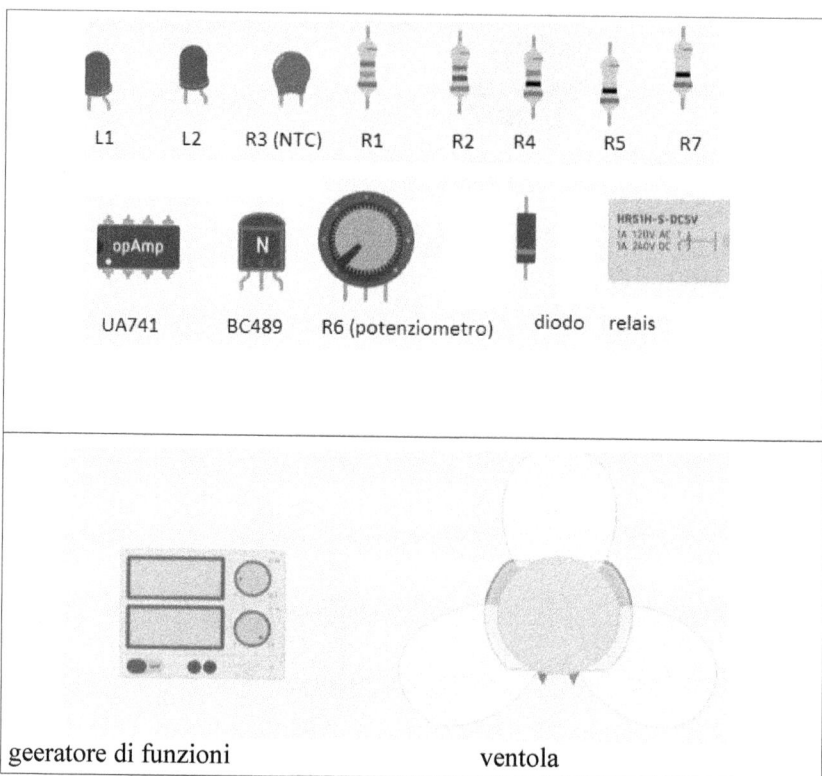

| L1 | L2 | R3 (NTC) | R1 | R2 | R4 | R5 | R7 |

| UA741 | BC489 | R6 (potenziometro) | diodo | relais |

geeratore di funzioni   ventola

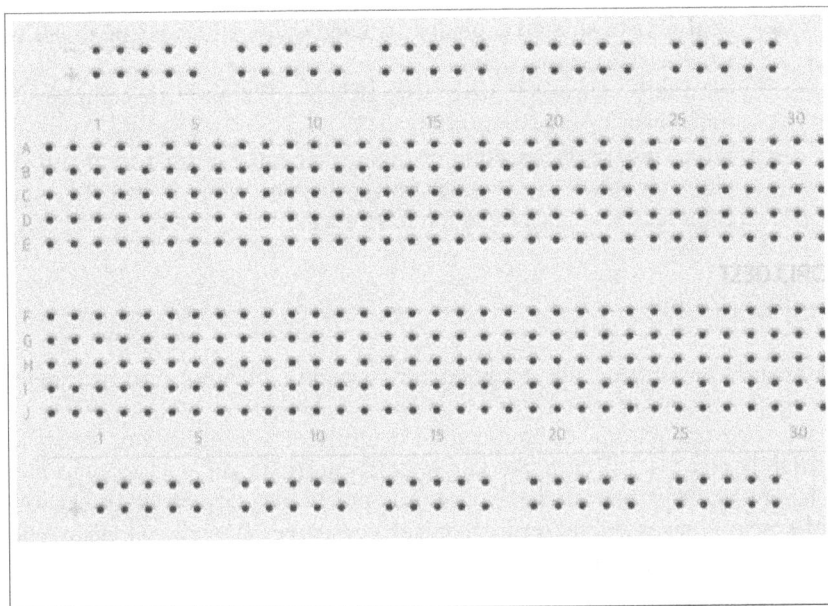

Procurati i componenti, realizza il circuito e testalo alla presenza dell'insegnante.

Quando la punta dello stagnatore è fredda la ventola è ferma e il led L1 è acceso?(sì/no)...........................

Trascorso un pò di tempo da quando lo stagnatore è stato collegato alla presa (230 V a.c.) la ventola si aziona automaticamente? (sì/no)...

Dopo qualche tempo dall'azionamento della ventola e dall'allontamento dello stagnatore la ventola si spegne automaticamente? (sì/no)...

Se hai risposto sì a tutte e tre le domande precedenti il tuo circuito funziona perfettamente altrimenti

fai le seguenti verifiche:

- ✔ correggi errori di montaggio banali come il non collegamento di un filo o l'errata interpretazione del pinout del UA741 o del BC489 oltre che del relais.
- ✔ misura con il multimetro Vsoglia e Vtemp: se sono molto lontane dai valori attesi allora verifica il valore del potenziometro oltre a quello delle resistenze fisse.

73

✔ se il funzionamento anomalo permane verifica la tensione in uscita fornita dall'operazionale
  oltre alla tensione VBE del BC489. Entrambi i componenti potrebbero essere danneggiati.

✔ infine misura la tensione di lavoro del relè: se tra i terminali di alimentazione vi è tensione sufficiente ma i contatti non commutano significa che il relè va sostituito.

TERMOCOPPIE

Abbiamo accennato alle termocoppie quando abbiamo discusso della linearità dei trasduttori.
Esse sono trasduttori di temperatura e forniscono in uscita una tensione variabile con essa. Il fatto che la grandezza in uscita sia per l'appunto una tensione anzichè una resistenza ci è utile poichè disporremo di un segnale utile senza necessità di un'alimentazione esterna. Tuttavia va detto che questo segnale è assai debole e necessita sempre di un'amplificazione perchè sia adatto a pilotare un circuito a valle di segnalazione oppure un attuatore che modifichi la temperatura. Riporto qui sotto le curve caratteristiche viste in precedenza. Nota che la tensione sull'asse delle ordinate è espressa in mV e non in Volt. La termocoppia di tipo E che è quella a sensibilità massima fornisce poco più di 60 mV ovvero 0,06V a fronte di una termperatura di 800 °C!

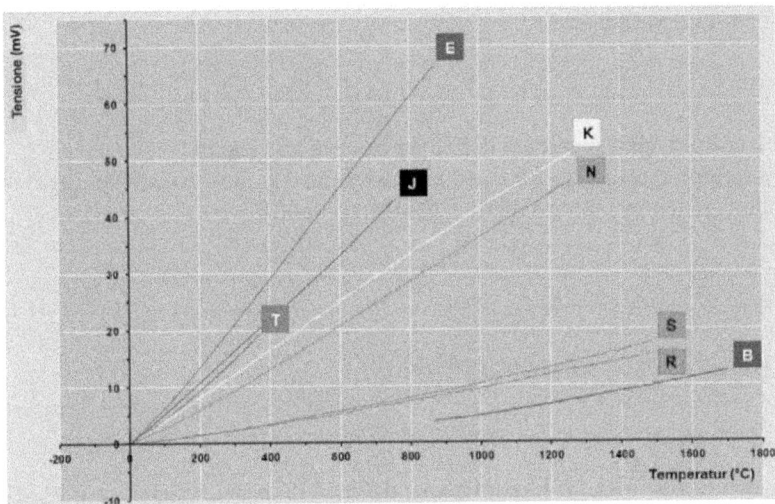

Un'applicazione estremamente comune delle termocoppie? Ebbene i fornelli a gas che hai quasi certamente nella tua cucina.

Nel piano cottura, ogni manopola ha sotto di sé un rubinetto che chiude il passaggio del gas, ed ogni rubinetto porta il gas al fornello corrispondente.

Quando premi la manopola e la giri, il gas passa e la candela di accensione accende il fornello, quindi la fiamma scalda la termocoppia che è posizionata proprio vicino al fornello.

La termocoppia è collegata al rubinetto e scaldandosi eccita la valvola montata dentro al rubinetto, così facendo lascia il passaggio del gas aperto.

CIRCUITI INTEGRATI

LM35

Fornisce una tensione variabile con la temperatura. Se volessimo modificare il circuito appena studiato facendo uso dell'LM35 anziché dell'NTC, il nostro progetto risulterebbe più semplice. Infatti il secondo partitore ovvero quello che fissa Vsoglia rimarrebbe immutato mentre il primo partitore che includeva l'NTC e stabiliva Vtemp verrebbe interamente eliminato e sostituito dall'integrato LM35 posto a contatto con l'oggetto con

75

temperatura variabile.

Esercizio

Ricerca sul web il datasheet dell'integrato LM35 e indica:
il guadagno (ovvero la funzione di trasferimento) cioè quanti Volt vengono
prodotti in uscita per ogni grado °C di temperatura.
....
....
....

La tensione di alimentazione dell'LM35.
....
....

Quale tensione viene fornita in uscita dall'LM35 se la temperatura è 30 °C?
....
....

Con un multimetro rileviamo in uscita dell'LM35 una tensione pari a 0,5 V.
Qual'è la temperatura?
....
....

Quanti gradi Kelvin corrispondono a 200 °C?
....
....

Quanti °C corrispondono a 400 K?
....
....

Come possiamo constatare dalla lettura del datasheet *il guadagno
dell'LM35 è abbastanza elevato* se confrontato con quello di una
termocoppia di qualunque tipo.
Lo svantaggio è che l'LM35 a differenza della termocoppia richiede
un'alimentazione.

Mostra qui di seguito il pinourt dell'LM35.

....

....

....

Osserva il seguente schema di principio e rispondi alle seguenti domande.

Descrivine brevemente i componenti.

....

....

....

....

....

....

....

Indica il codice colori con tolleranza al 10% dei resistori fissi:

470
Ohm:.................,.........................,..,...........................

10
kOhm:.................,...........................,.......................................,...........................

Spiega quando si accendono i due led ed in particolare quale dei due segnala la sovratemperatura e quale segnala invece una temperatura nella norma.

....

....

....

....

Realizza lo schema di montaggio sulla breadboard riprodotta alla pagina seguente. Indica chiaramente con le lettere A e K anodo e catodo di ciascun led .

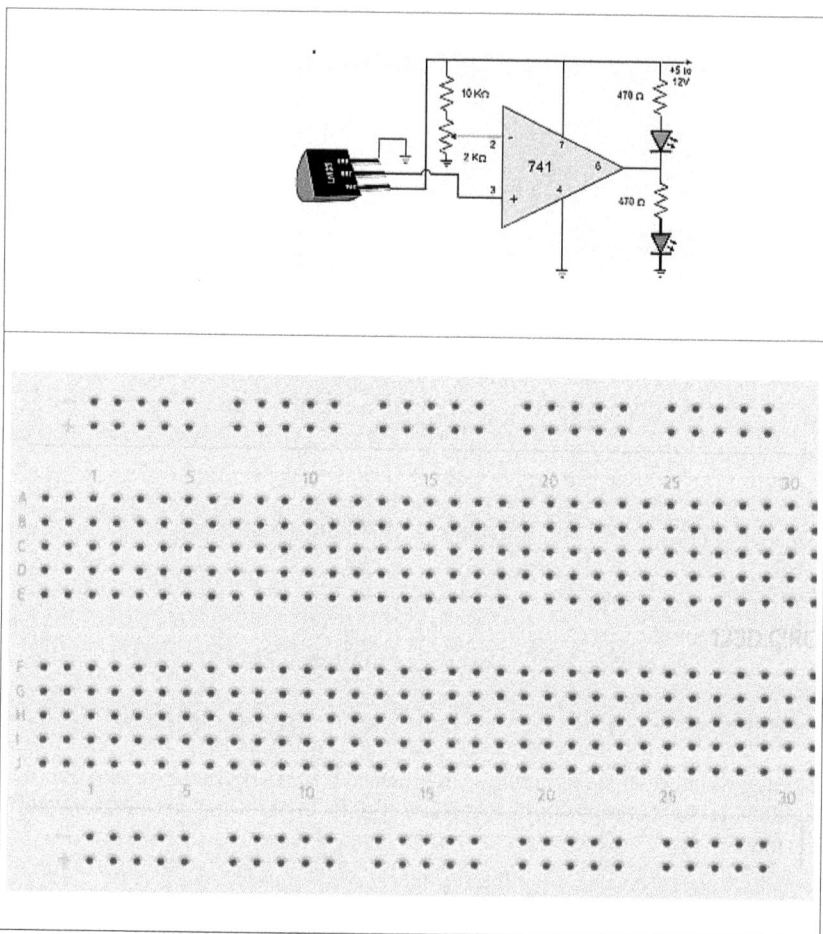

Realizza lo schema di montaggio sulla breadboard riprodotta sotto. Indica chiaramente con le lettere A e K anodo e catodo di ciascun led oltre ai terminali del bjt con le lettere B,C,E.

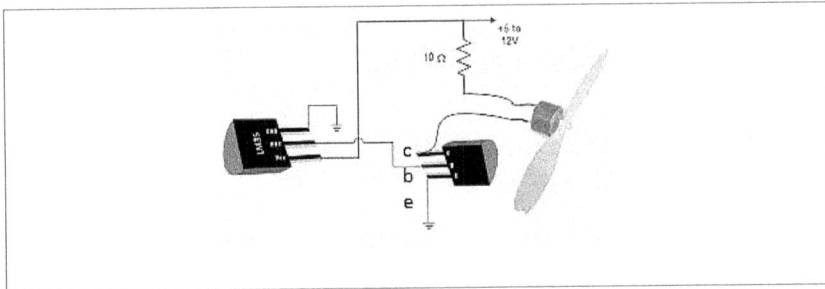

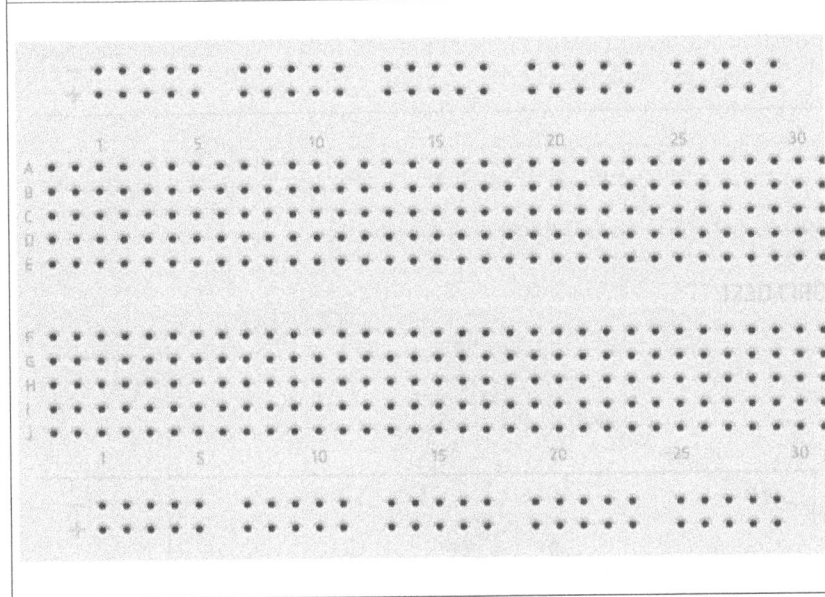

Domande

Qual'è la differenza nei materiali con cui sono realizzati termistori e termoresistenze (isolanti, semiconduttori, conduttori)?

....

....

Valuta le sensibilità dei termistori e delle termoresistenze. In quale tipologia di trasduttore di temperatura la sensibilità è migliore?

....

....

....

Valuta la linearità dei termistori e delle termoresistenze. In quale tipologia di trasduttore di temperatura la linearità è migliore?

....

....

....

Indica alcuni trasduttori di temperatura che forniscano tensione in uscita e confrontane le caratteristiche.

....

....

....

TRASDUTTORI DI INTENSITÀ LUMINOSA

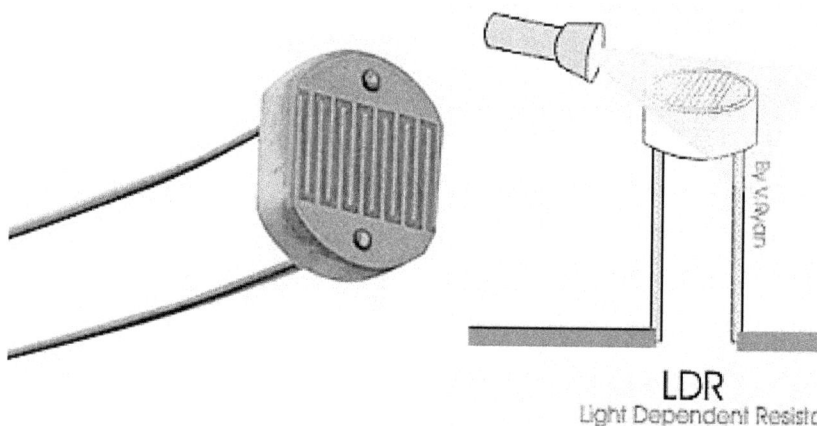

LDR
Light Dependent Resistc

L'immagine sopra mostra un fotoresistore ovvero un trasduttore di intensità luminosa che presenta una resistenza proporzionale alla quantita' di luce che colpisce la supeficie sensibile del componente (nell'immagine la "serpentina").

Come si deduce dalla caratteristica di uscita riprodotta qui sotto all'aumentare dei lux diminuiscono gli Ohm.
Nota che entrambe le grandezze degli assi sono rappresentate in scala logaritmica (cioè a distanze fisse abbiamo i multipli di 10 del valore all'origine).
La sensibilità del trasduttore è considerevole.

Esercizi

In base alla curva caratteristica quanti ohm corrispondono ai seguenti valori di luminosità?
100 Lux:...
100 Lux:...
1000 Lux:...
10000 Lux:...

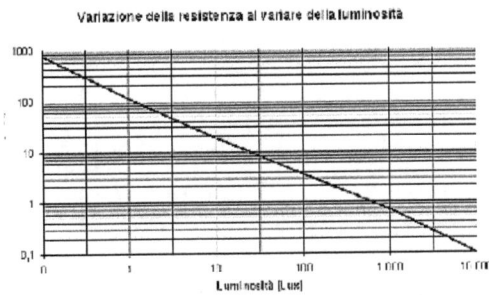
Variazione della resistenza al variare della luminosità

Luminosità [Lux]

Prima di realizzare un applicazione del fotoresistore facciamo alcune misure con il multimetro in modalità ohmmetro. Più precidamente misureremo nelle tre seguenti condizioni:

1. prima copriremo la superficie del trasduttore con un tappo (buio

completo),
2. successivamente lasceremo il fotoresistore esposto alla luce ambientale e
3. infine lo investiremo con il fascio prodotto da una torcia tascabile (massima luminosità).

Annotiamo i risultati e compiliamo la tabella:

misura 1	...............................Ohm
misura 2	...............................Ohm
misura 3	...............................Ohm

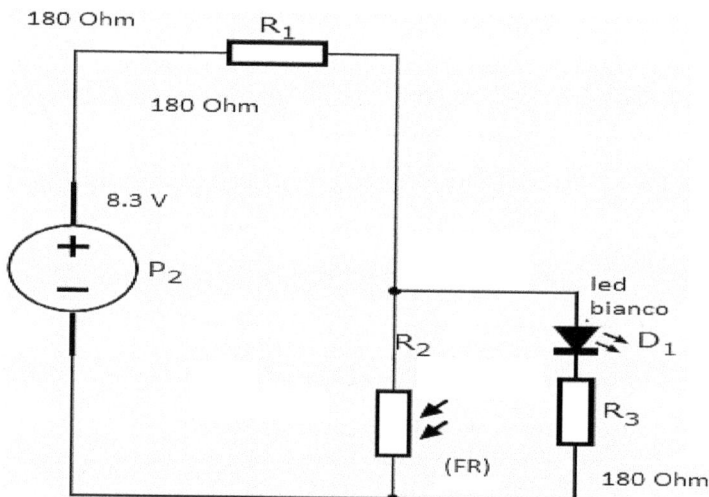

Vediamo una semplice applicazione: una sorta di interruttore crepuscolare realizzato con un led blu che si spegne quando la fotoresistenza viene investita dal fascio luminoso della nostra torcia. Vediamo nel dettaglio come funziona. In condizioni di buio totale la resistenza del fotoresistore è è molto elevata e possiamo interpretare il ramo in cui questo è inserito come aperto in quanto la corrente proveniente dal polo positivo dell'alimentazione si disporrà quasi interamente sul ramo con il led poichè , ribadisco, è molto più conduttivo di quello con FR (altrimenti detto esso è pieno di ostacoli per la corrente!). Pertanto in condizioni di buio il led sarà certamente acceso con luminosità

massima. Man mano che la luminosità aumenta il ramo con FR deriverà sempre più corrente a discapito del led che rimarrà acceso ma con un illuminamento inferiore a causa della diminuita corrente. Producendo con la torcia la massima luce il led si spegnerà poichè ora quasi tutta la corrente si disporrà sul ramo con FR con bassa resistenza.

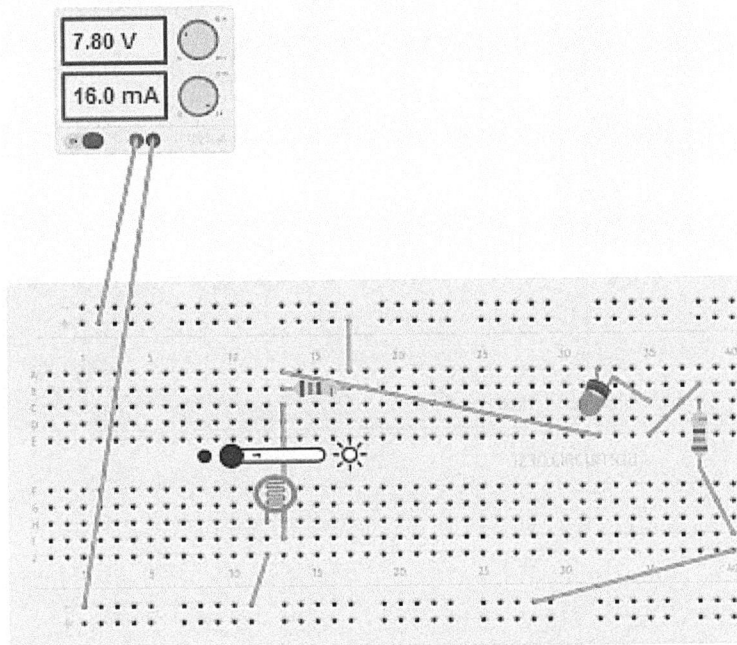

Vediamo ora una seconda applicazione; elenchiamone i componenti: led (di qualunque colore) protetto da resistenza da 180 Ohm, bjt di tipo npn (sigla bc33725), fotoresistenza e potenziometro da 1kOhm. Quest'ultimi due componenti realizzano un partitore di tensione che stabilisce la tensione di base del bjt. In presenza di BUIO di fatto sulla base abbiamo il potenziale di massa poichè FR è trascurabile rispetto alla resistenza del potenziometro. Ne consegue che il bjt è interdetto come pure il led connesso al suo terminale di emettitore. Nel caso di massima LUCE la tensione di base è poco inferiore rispetto alla tensione di alimentazione quindi il bjt conduce come pure il led che accendendosi segnala la presenza di luce. Possiamo

concludere che il comportamento di questo circuito applicativo è ON.
Osserva il pin-out del bc33725 e realizza sul breadboard lo schema di montaggio del circuito sottostante.

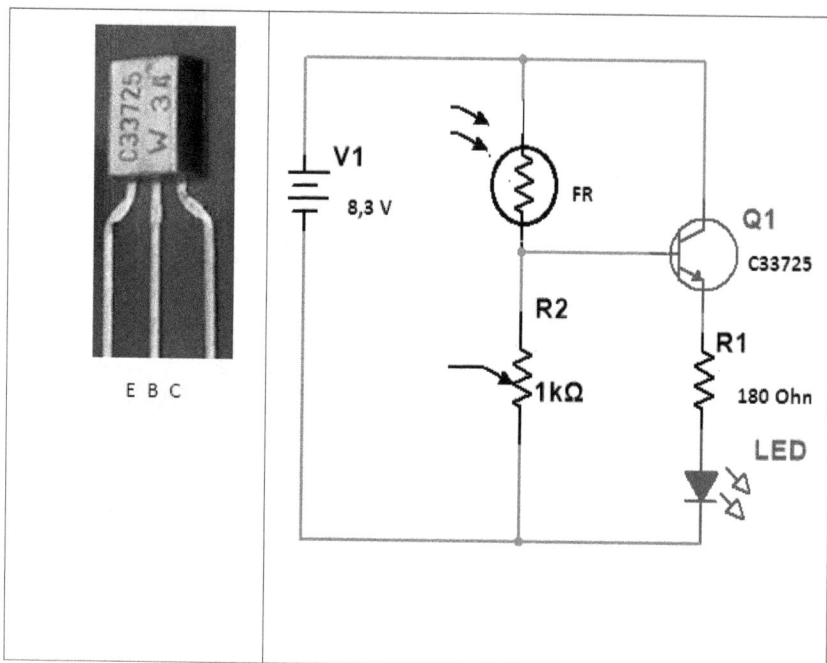

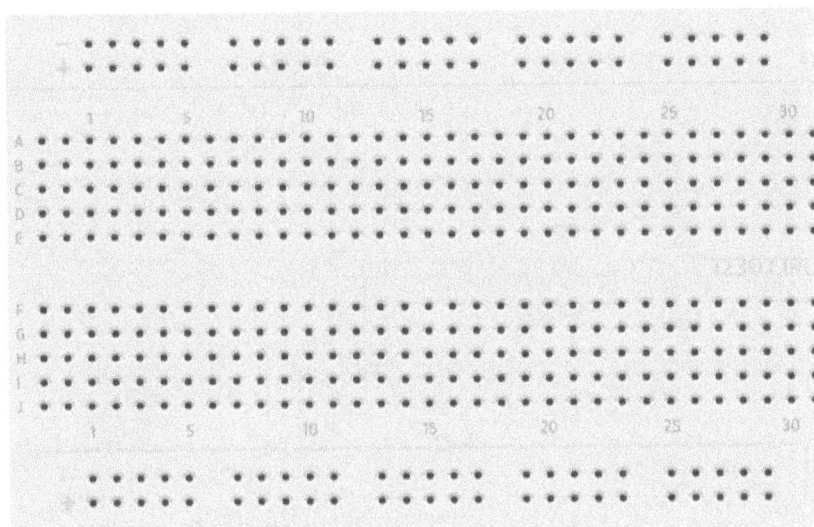

Nella terza applicazione realizziamo, sempre tramite il fotoresistore, un convertitore tensione/intensità di illuminamento. Sebbene esso non sia perfettamente lineare nel campo di impiego del fotoresistore, osserviamo che il guadagno è di circa 1V/kOhm per valori in uscita al fotoresistore superiori a 1kOhm. I valori di tensione in uscita aumentano al calare della luce. Come carico per il nostro amplificatore operazionale abbiamo scelto un led blu (protetto da resistenza 560 Ohm) che per quanto detto avrà luminosità crescente al ridursi della luce.

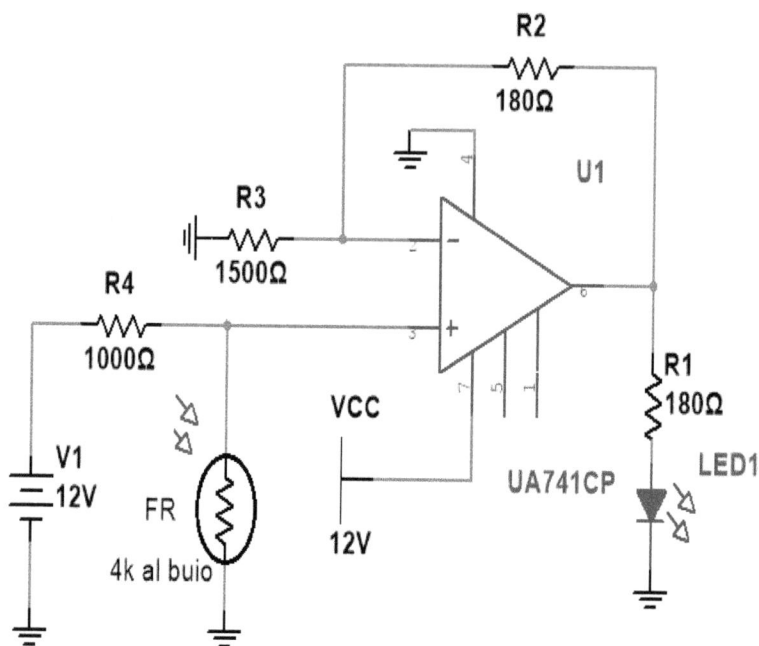

Approfondimento

Questa applicazione rappresenta una semplice applicazione dell'amplificatore operazionale in configurazione non invertente il cui guadagno è:

G = 1 + R2/R3 dove R2 è la resistenza del ramo di reazione mentre R3 è la resistenza sul ramo diretto. Con i nostri dati risulta:

a) G = 1 + 180/1500 che vale circa 1.

L'ingresso ovvero la tensione applicata al piedino n. 3 è calcolabile con la formula del partitore di tensione visto che l'amplificatore operazionale non assorbe corrente nei piedini di ingresso (*ipotesi di amplificatore ideale*). Dunque il piedino 3 ha tensione Vin pari a:

$$b) Vin = \frac{V1}{R4 + FR} \cdot FR = \frac{12}{1000+FR} \cdot FR$$

La tensione di uscita invece (pin 6) è:

$$c) \; Vout = G \cdot Vin$$

Sostituendo le relazioni a) e b) in c) otterremo:

$$Vout = (1 + 180/1500) \cdot \frac{12}{1000+FR} \cdot FR$$

fine approfondimento
Esercizi

Scrivi il codice colori delle resistenze a quattro bande al 5% di:
180 Ohm:...
1000 Ohm:...
1500 Ohm:...

Ora realizza il circuito e testalo in presenza dell'insegnante dopo avere realizzato lo schema di montaggio sulla breadboard nella pagina seguente.

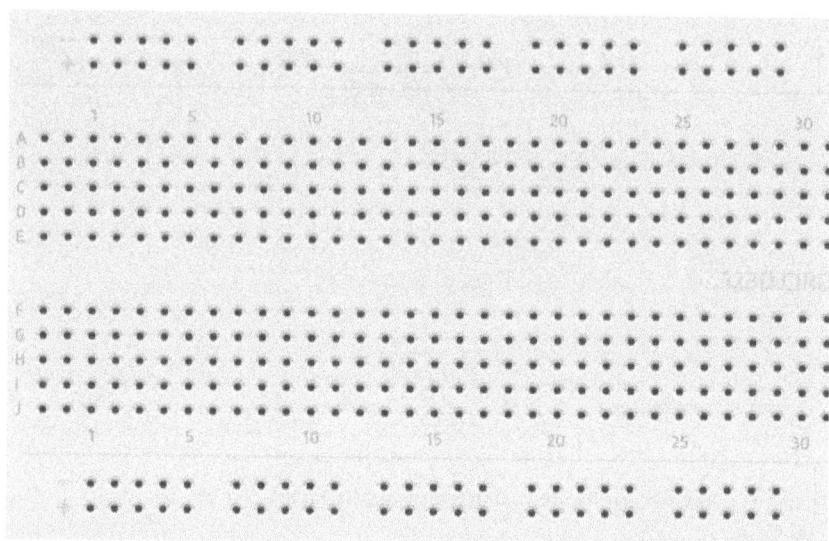

Infine realizziamo un *circuito antiabbagliamento*; tutti abbiamo esperienza di quanto sia fastidioso essere colpiti da una luce abbagliante ad esempio proveniente dai fari di un automobile che proceda in senso opposto. In questo semplice circuito realizziamo una funzionalità utile: abbiamo a disposizione una luce intensa e una luce più tenue; naturalmente la prima rimane attiva fintantoché un fascio intenso (che simuleremo con la nostra torcia portatile!) non investe il fotoresistore; la commutazione delle luce avverrà grazie al relè attivato a sua volta dal bjt in modalità interruttore.

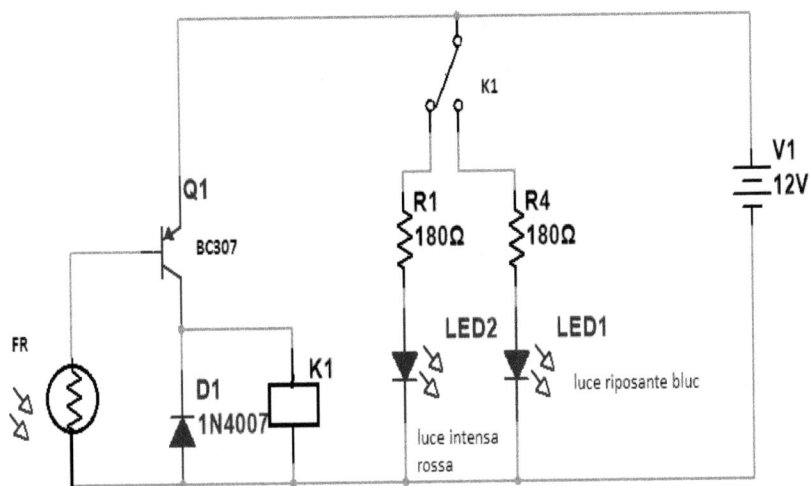

Realizza lo schema di montaggio su breadboard:

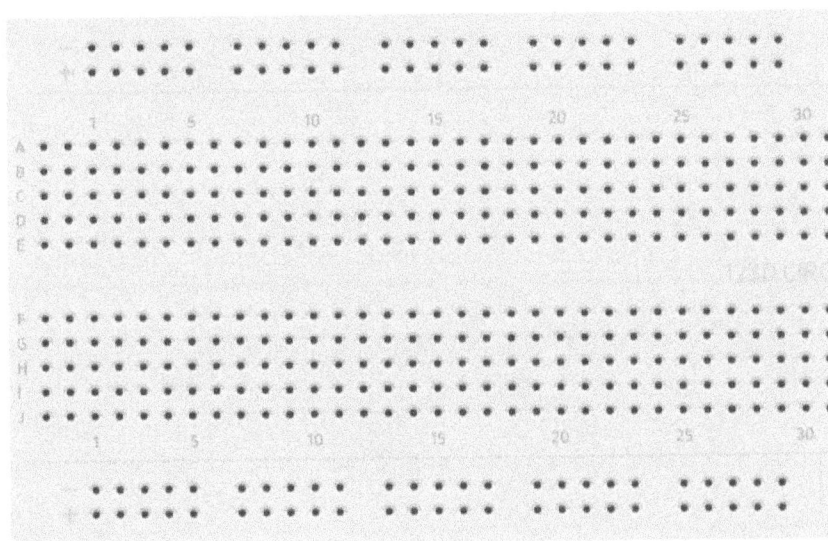

BIBLIOGRAFIA E FONTI DELLE IMMAGINI

http://home.deib.polimi.it/rocco/caut/Tecnologie%20elettroniche%20per%20il%20controllo.pdf
http://automatica.ing.unibs.it/mco/tco/1_industriale/sensori.html
http://ww2.unime.it/ingegneria/new/materiale/sensori2.pdf
http://de-de.wika.de/upload/DS_IN0023_it_it_54291.pdf
http://images.slideplayer.it/2/592918/slides/slide_1.jpg
http://xoomer.virgilio.it/pierostroppa/Fisica/Unit5/definiz.htm
http://www.die.ing.unibo.it/pers/breschi/Pdf/13%20impianti_2.pdf
http://riparodasolo.it/la-fiamma-si-spegne-piano-cottura/
http://circuiteasy.com/temperature-sensor/
htttp://www.digikey.co.nz/en/articles/techzone/2011/sep/rtds-ptcs-and-ntcs-how-to-effectively-decipher-this-alphabet-soup-of-temperature-sensor
http://www.elenet.altervista.org/Elettrotecnica/Proximity.html
http://www.fisica.uniud.it/irdis/supporto/Sensori/panoramica/img/image003.gif

IL PLC E IL LINGUAGGIO DI PROGRAMMAZIONE LADDER

CARATTERISTICHE DEL LADDER

Il Ladder, detto anche Kop, e' stato storicamente il primo linguaggio di programmazione per il plc a svilupparsi. L'aspetto a scalini dei programmi Ladder deriva dal fatto che essi, secondo l'intenzione dell'ideatore, devono richiamare il più possibile gli schemi funzionali di tipo elettrico nati assai prima del plc e dei suoi linguaggi.

Gli schemi funzionali descrivono degli impianti cablati che una volta realizzati con lampade, pulsanti, relè raramente vengono modificati. Se riusciamo a realizzare la medesima logica di comando di un impianto cablato con il plc dovremo scrivere un programma che legga lo stato elettrico degli ingressi e imponga quello delle uscite in base alle nostre esigenze.

Se queste cambiano spesso dovremo limitarci a cambiare il contenuto del programma memorizzato nel plc e non un complesso impianto elettrico sui cui può essere complesso "rimettere le mani".

Questa è certamente la più importante ragione del successo del plc (programmable logic controller).

I primi programmatori del plc erano elettricisti o tecnici abituati a leggere gli schemi elettrici. Di qui l'opportunità di sviluppare un linguaggio che ne richiamasse alcun concetti. La figura sottostante mostra sinistra lo schema funzionale e a destra il codice Ladder che impareremo a scrivere nei prossimi paragrafi.

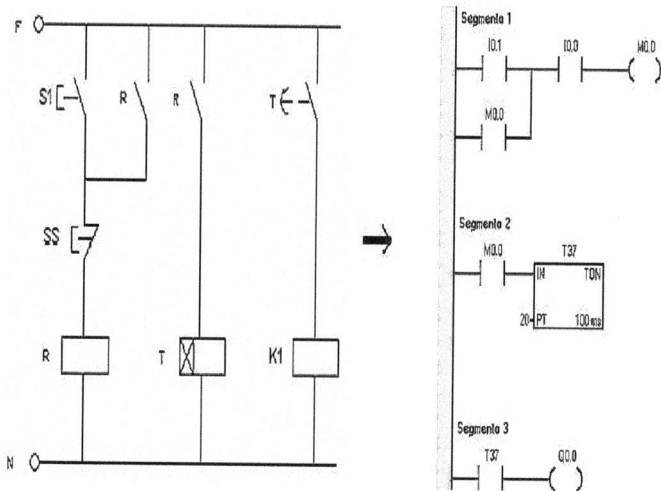

STATO TECNOLOGICO, FISICO, ELETTRICO E LOGICO

Lo stato tecnologico può assumere solo due valori : aperto oppure chiuso;
tale stato dipende da come è stato realizzato un componente; un pulsante
normally open è, per l'appunto, aperto perchè mantenuto tale da una molla o
dispositivo simile e i suoi terminali sono separati;
un pulsante normally closed è, invece, chiuso nel senso che c'è continuità
elettica tra i suoi terminali.

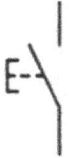

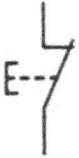

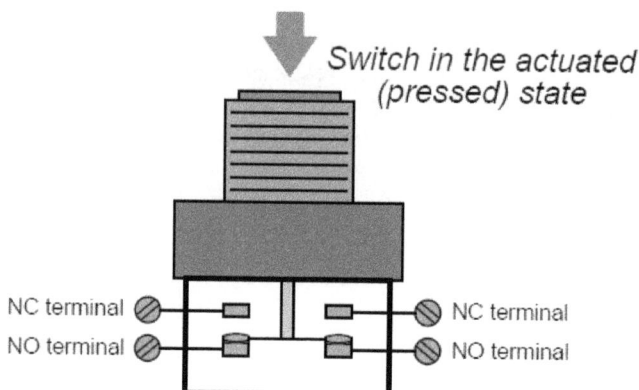

Switch in the actuated
(pressed) state

NC terminal NC terminal
NO terminal NO terminal

Ancora un altro esempio: la valvola 3/2 monostabile e normally closed blocca al suo interno il passaggio dell'aria compressa mentre consente alla camera negativa del cilindro di avere accesso allo scarico.

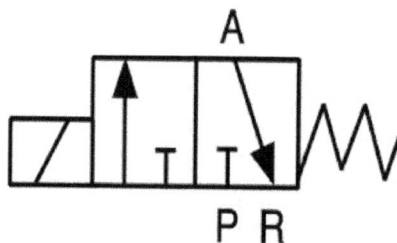

A

P R

Il pulsante e la valvola pneumatica appena descritta sono i tipici dispositivi monostabili nel senso che possono assumere diverse posizioni ma solo una di queste è stabile e per cambiarla occorre fare un azionamento (premere il pulsante o eccitare il solenoide della valvola).

Che cosa rappresenta invece lo stato fisico? Ebbene esso può assumere solo due valori: azionato oppure non azionato.

Un pulsante verrà azionato con la pressione esercitata dalla nostra mano, un sensore magnetico semplicemente con la vicinanza di un oggetto metallico, la fotocellula di un cancello automatico con il passaggio di un automobile che interrompa l'emissione di raggi infrarossi.

Lo stato elettrico infine corrisponde a due livelli di alimentazione: alta, corrispondente, ad esempio ai 24 V a.c. con cui alimentiamo il plc oppure flottante (in inglese floating).

Al valore di tensione 24 V corrisponde uno stato di continuità elettrica (circuito chiuso) mentre alla tensione flottante corrisponde uno stato di NON continuità elettrica (circuito aperto).

Il programma ladder assegna ai segnali uno stato logico ovvero fa corrispondere ai due stati elettrici 24 V e segnale flottante, i valori logici 1 e 0. Potremmo tranquillamente anzichè 1 e 0 indicare Vero e Falso. Ciò che importa è che il valore logico è funzione dello stato elettrico nel senso che può coincidere con esso oppure con il suo opposto. Analizzeremo le due istruzioni fondamentali ("leggi così com'è" e "leggi invertito") che consentono di assegnare il valore logico ad un segnale.

Per scrivere correttamente il programma Ladder occorre ragionare su tutti e quattro gli stati tecnologico, fisico, elettrico e logico.

Vediamo un esempio:
Esercizio

Ricava lo stato elettrico di un pulsante; il discorso sarebbe del tutto analogo se parlassimo di un trasduttore digitale. Compila l'ultima colonna della tabella dopo avere osservato la prima riga come esempio che discutiamo. Se un pulsante è normalmente aperto e nessuno lo tocca il suo stato elettrico sarà ovviamente 0 poichè ai suoi capi non verrà rilevata alcuna tensione.

STATO TECNOLOGICO	STATO FISICO	STATO ELETTRICO
n.o.	non azionato	0
n.c.	azionato	....

n.o.	non azionato	....
n.c.	azionato	....

Domande

Un sensore di prossimità magnetico funge da finecorsa per un cilindro ed è normalmente aperto.
Quando il cilindro è, ad esempio, a metà della sua corsa (positiva o negativa) qual'è lo stato elettrico del finecorsa?
....
Quando esso rileva la posizione estrema del cilindro quale stato elettrico produce?
....

CAMBIARE LO STATO DI UN'USCITA

Un programma Ladder consiste in una serie di segmenti (in inglese network).
Un segmento si legge da sinistra verso destra e consiste in una serie di contatti collegati in serie e/o parallelo. Un indirizzo di uscita (o l'ingresso di un box temporizzatore o contatore) conclude a destra il network.
Se da sinistra a destra vi è una completa continuità logica ovvero la combinazione dei contatti che compaiono fornisce complessivamente uno stato logico pari a 1 ciò significa che l'indirizzo d'uscita viene attivato ovvero portato a livello di tensione 24V; in altre parole viene portato a stato elettrico 1.
Tale istruzione viene detta attivazione senza memoria intendendo con ciò che se per qualunque motivo la serie dei contatti che in precedenza aveva stato logico 1 passa a stato logico 0 l'uscita viene immediatamente disattivata ovvero portata a stato elettrico 0.
La figura sottostante mostra un esempio: l'indirizzo Q0.0 viene portato a livello elettrico 24 V se I0.1, I0.2 e I0.3 così collegati (i primi due contatti in parallelo e il terzo in serie) forniscono livello logico 1. Tale livello dipende dagli stati tecnologico, fisico ed elettrico.

Domanda

Q0.0 viene portato a livello elettrico 24 V se (indica se vero o falso):

96

I0.1=0, I0.2=0 e I0.3=0	V F
I0.1=0, I0.2=0 e I0.3=1	V F
I0.1=0, I0.2=1 e I0.3=0	V F
I0.1=0, I0.2=1 e I0.3=1	V F
I0.1=1, I0.2=0 e I0.3=0	V F
I0.1=1, I0.2=0 e I0.3=1	V F
I0.1=1, I0.2=1 e I0.3=0	V F
I0.1=1, I0.2=1 e I0.3=1	V F

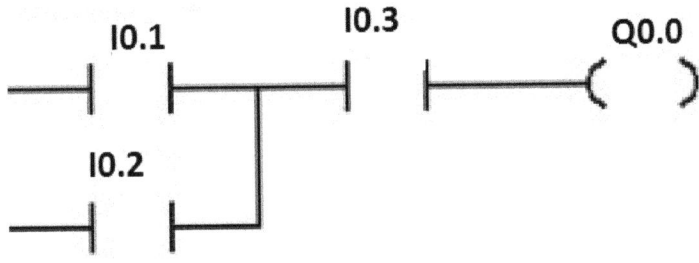

Un altro modo di scrivere il valore elettrico di un'uscita si ha con le istruzioni di SET e RESET.

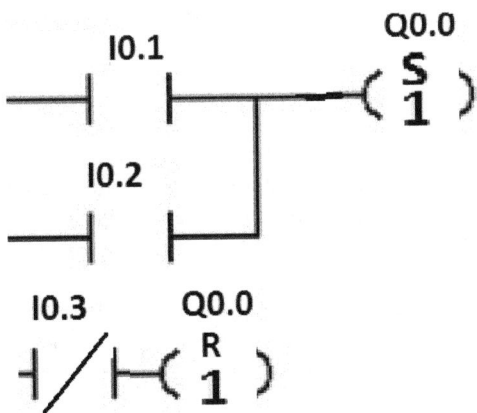

Analizziamo, nell'immagine soprastante, i due segmenti di codice. Essi sono del tutto equivalenti all'istruzione attivazione senza memoria appena spiegata. Nel primo network se i segnali agli indirizzi I0.1 e I0.2 forniscono nel collegamento in parallelo un valore logico 1 allora viene portato a 24 V l'indirizzo di uscita Q0.0. Tale stato elettrico si manterrà fino alla successiva istruzione di RESET anche se I0.1 e I0.2 dovessero mutare i loro livelli logici. Nel nostro esempio il reset avviene semplicemente quando I0.3 assume valore logico 1.

"LEGGI IL SEGNALE COSÌ COM'È"

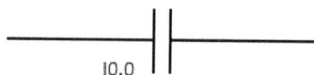

Normally open, an active input will close the contact and allow power to flow.

La prima istruzione che affrontiamo è quella raffigurata qui sopra. Il suo significato è il seguente: acquisire ovvero leggere lo stato elettrico del segnale presente all'indirizzo del plc I0.0 ed assegnargli uno stato logico secondo la seguente corrispondenza:

stato elettrico	stato logico
flottante	0
24 V	1

Purtroppo vi è la consuetudine diffusa dalle guide e dai manuali tecnici di chiamare questa istruzione contatto normalmente aperta o normally open (nell'immagine sottostante ho riportato appunto la dicitura) generando a volte fraintendimenti.

L'equivoco nasce dal confondere lo stato tecnologico con lo stato elettrico.

"leggi così com'è" può essere adottata sia per un dispositivo tecnologicamente normally open che per uno normally closed in base alla logica del programma.

Facciamo un esempio.

98

```
        STOP              YV
    ─────┤ ├────────( )
```

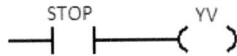

Se, come pulsante di STOP, abbiamo scelto un pulsante normally closed e desideriamo disattivare un'uscita del plc, ad esempio un contattore KM, quando lo STOP viene premuto, sceglieremo di porre in serie a KM il contatto "leggi così com'è" con indirizzo I0.0 se vi abbiamo connesso il nostro pulsante.

In questo modo in situazione di lavoro ordinaria consentirà l'attivazione di KM mentre in caso di richiesta di fermo macchina e dunque di azionamento dello STOP causerà la diseccitazione di KM.

"LEGGI IL SEGNALE INVERTITO"

```
        STOP
   ──┤/├──
```

La prima istruzione che affrontiamo è quella raffigurata qui sopra. Il suo significato è il seguente: acquisire ovvero leggere lo stato elettrico del segnale denominato STOP ed assegnargli uno stato logico secondo la seguente corrispondenza:

stato elettrico	stato logico
flottante	1
24 V	0

Chiamo l'istruzione "leggi il segnale invertito" perchè fa corrispondere a 24 V lo 0 logico.

Purtroppo, di nuovo, vi è la consuetudine diffusa dalle guide e dai manuali tecnici di chiamare questa istruzione contatto normalmente chiuso o normally closed (nell'immagine sottostante ho riportato appunto la dicitura) generando a volte fraintendimenti.

L'equivoco nasce dal confondere lo stato tecnologico con lo stato elettrico.

"leggi il segnale invertito " può essere adottata sia per un dispositivo tecnologicamente normally open che per uno normally closed in base alla logica del programma.

Osserviamo il segmento di codice riportato qui sopra. STOP è lo stesso pulsante n.c. del paragrafo precedente mentre YV è lo stesso contattore. Perchè effettuiamo la lettura invertita?

Perchè abbiamo bisogno di abilitare il reset di YV quando azioniamo il pulsante STOP. Essendo lo STOP n.c. il suo stato elettrico è flottante proprio quando viene azionato. Eseguendo l'istruzione "leggi il segnale invertito" produciamo un livello logico 1 proprio quando premiamo lo STOP;

il livello logico 1 abilita di conseguenza l'azzeramento dello stato elettrico di YV: esattamente ciò che desideravamo.

100

```
        STOP           YV
    ─┤/├────────( R )
                     1
```

TEMPORIZZATORI

Osserviamo le tre illustrazioni alla pagina seguente.

La 1 mostra l'uso di un temporizzatore di tipo TONR: il suo indirizzo è T5 mentre il suo tempo base vale 100 msec come indicato tra le proprietà del temporizzatore quando ne scegliamo l'indirizzo.

Il tempo che produce l'"intervento" del temporizzatore nel linguaggio Ladder viene sempre espresso come multiplo del tempo base. Nel nostro esempio avendo indicato 100 intendiamo 10 secondi ovvero $100 \cdot 100$ msec.

L'uscita Q0.0 viene posta a 1 quando l'istruzione "leggi cos'ì com'è" T5 fornisce valore 1.

Ciò avviene quando il bit di conteggio "interno" associato al temporizzatore T5 raggiunge 10 secondi.

Tale bit di conteggio "interno" a partire da 0 si aggiorna dall'istante in cui l'ingresso di abilitazione IN assume valore logico 1. Ciò avviene quando I0.1 = 1.

E' importante sottolineare che il conteggio si interrompe disattivando lo stesso bit IN (ovvero I0.1) ma una volta che il temporizzatore T5 e dunque Q0.0 hanno assunto il valore 1 logico, vengono azzerati solo con un'istruzione di RESET del temporizzatore; nel nostro programma ciò avviene attivando l'ingresso I0.0.

L'illustrazione 2 mostra il funzionamento di T37 come temporizzatore di tipo TON;

il contatto d'uscita associato a T37 e dunque il bit Q0.0 assumono il valore 1 una volta che il bit interno di conteggio ha raggiunto il valore predefinito, nel nostro esempio 100 ovvero 10 secondi. Se in qualunque istante viene disattivato il contatto posto su IN ovvero I0.0, il bit d'uscita di T37 e dunque Q0.0 si azzerano.

La 3 infine illustra il funzionamento del temporizzatore di tipo TOF ovvero time off delay. Esso consente di specificare un tempo di ritardo nella

101

disinsenzione. Attivando I0.0 il bit di uscita associato a T38 si attiva immediatamente e con esso Q0.0. Se I0.0 assume lo zero logico, parte una sorta di conto alla rovescia pari al tempo predefinito, 100 nel nostro esempio, terminato il quale T38 e dunque Q0.0 assumono il valore 0 logico. La tabella seguente mostra gli indirizzi associabile ai tre tipi di temporizzatore.

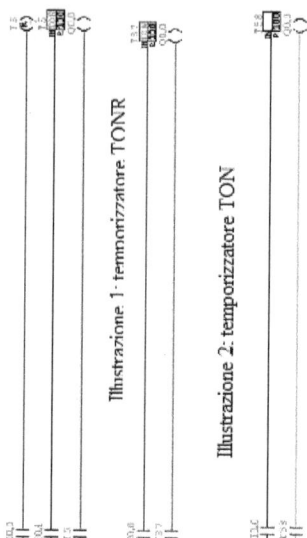

Illustrazione 1: temporizzatore TONR

Illustrazione 2: temporizzatore TON

Illustrazione 3: Temporizzatori TOF

Timer Type	Resolution	Maximum Value	Timer Number
TONR	1 ms	32.767 seconds	T0, T64
	10 ms	327.67 seconds	T1-T4, T65-T68
	100 ms	3276.7 seconds	T5-T31, T69-T95
TON, TOF	1 ms	32.767 seconds	T32, T96
	10 ms	327.67 seconds	T33-T36, T97-T100
	100 ms	3276.7 seconds	T37-T63, T101-T255

Domande
Rispondi in modo breve ai quesiti nella pagina seguente.

Qual'è il tempo base del temporizzatore di indirizzo T38?

....

Per esprimere un tempo predefinito pari a 5 secondi quale numero devo indicare?

....

....

Qual'è il tempo base del temporizzatore di indirizzo T35?

....

Per esprimere un tempo predefinito pari a 5 secondi quale numero devo indicare?

....

....

CONTATORI

L'esempio di codice riportato alla pagina seguente mostra l'uso di un contatore avanti-indietro (in inglese up-down counter). L'indirizzo da noi scelto è C100.

Il suo stato logico rimane 0 fino a quando il suo bit di conteggio "interno" non raggiunge il valore predefinito che nel nostro esempio è 5. L'ingresso PV sul lato sinistro del box di programmazione del contatore è proprio il valore predefinito e noi vi indicheremo 5 poichè desideriamo compiere delle azioni quando il conteggio raggiunge il valore 5.

Il bit CU consente di specificare la combinazione logica che produce l'aggiornamento del conteggio in avanti.

```
   C100        LAMP:Q0.0
 ──┤ ├────────────( )
```

Symbol	Address	Comment
LAMP	Q0.0	LAMPADA

Network 2

```
   IN:I1.5                        C100
 ──┤ ├──────────────────────┤CU      CTUD│
                             │             │
  ROTTO:I1.4                 │             │
 ──┤ ├──────────────────────┤CD           │
                             │             │
  A_POSTO:I1.3               │             │
 ──┤ ├──────────────────────┤R            │
                             │             │
                          5──┤PV           │
```

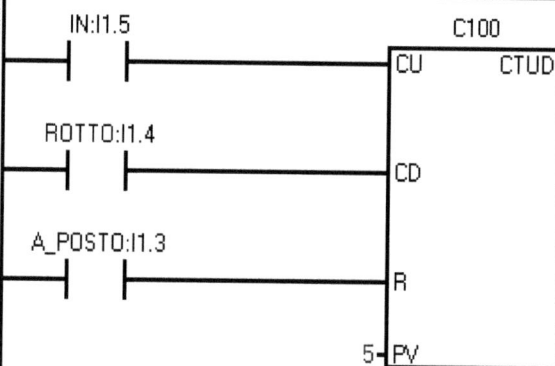

Symbol	Address	Comment
A_POSTO	I1.3	
IN	I1.5	
ROTTO	I1.4	

Network 3

CD consente di specificare la combinazione logica che produce l'aggiornamento del conteggio in indietro.
R produce l'azzeramento dello stato del contatore.

Descriviamo il nostro codice pensando ad una applicazione pratica come il controllo bottiglie su un nastro trasportatore; quando il sensore rileva il passaggio di una bottiglia sul nastro, esso produce in IN un fronte di salita (passaggio dello stato logico da 0 a 1) e il bit di conteggio, inizialmente a 0 diventerà 1. Analogamente tale bit si incrementerà di un'unità ad ogni passaggio della bottiglia in prossimità del sensore. Nelle vicinanze del nastro tuttavia è anche presente un sensore di controllo della bottiglia: se ROTTO ha un fronte di salita, ad esempio perchè la bottiglia non ha il livello di riempimento corretto, CD si attiva e in questo modo il bit di conteggio interno di C100 si decrementa di un'unità;

quando esso raggiunge il valore 5 il valore logico dell'indirizzo C100 diventa 1 e di conseguenza si accende la LAMPADA all'indirizzo d'uscita Q0.0.

il bit interno di conteggio viene azzerato soltanto quando il bit R assume il valore logico 1: ciò avviene quando il pulsante normally open A_POSTO viene premuto da un operatore.

RICORDARE GLI EVENTI

E' ormai chiaro che agli ingressi del plc vanno connessi sensori e altri dispositivi come pulsanti e interruttori che consentono di comunicare al plc dei dati e delle informazioni sul mondo esterno; alle uscite del plc cabliamo invece degli attuatori e dispositivi che in qualche modo modificano il mondo esterno: lampade, contattori, motori che vengono attivati e disattivati dal plc stesso in base al programma che sta eseguendo. Per il programmatore oltre a ingressi e uscite sono oltremodo utili dei bit di memoria detti MERKER che consentono semplicemente di memorizzare degli eventi. I loro indirizzi iniziano con la lettera M. Ad esempio: M0.0, M0.1, M1.0.

Vediamo un esempio di codice che faccia uso dei merker.

```
FOTOC:I0.1      START:I0.0        M0.0
──┤ / ├──┬────────┤ ├────────┬──( )
         │                    │
         │        M0.0        │
         └────────┤ ├─────────┘
```

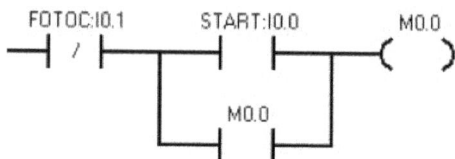

Symbol	Address	Comment
FOTOC	I0.1	CONTATTO N.O FOTOCELLULA
START	I0.0	PULSANTE N.O RICHIESTA SEMAFORO

Network 2 Una volta premuto il pulsante n.o. START, si attiverà la lampada LAMP dopo 5 se

Network Comment

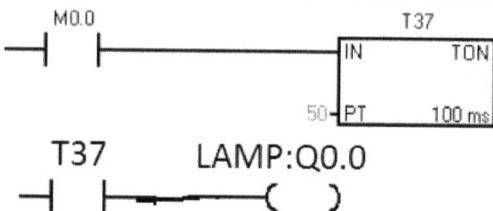

```
   M0.0                          T37
──┤ ├─────────────────────┤IN      TON
                     50─┤PT      100 ms


   T37       LAMP:Q0.0
──┤ ├──────────( )
```

Il codice realizza una sorta di passaggio pedonale. Il pedone chiede di poter passare premendo il pulsante n.o. START, attende 5 secondi e poi può attraversare la carreggiata visto che LAMP si accende. LAMP viene attivata quando il temporizzatore di tipo TON T37 assume lo stato logico 1 poichè ha contato 5 secondi. LAMP si spegnerà quando l'ingresso di abilitazione IN di T37 ovvero il merker M0.0 va a livello logico 0. Ciò avviene, osserviamo attentamente il Network , quando l'istruzione "leggi il segnale invertito" FOTOC assume valore 0. FOTOC è il contatto N.O. della fotocellula che si chiuderà quando il pedone, raggiunto il lato opposto della carreggiata, passerà vicino a essa.

Chiarita la logica del programma concentriamoci sul nostro merker M0.0 viene attivato cioè portato a livello logico 1 da un'istruzione senza memoria quando, lo abbiamo già detto, il pedone preme START.

Cosa accade quando il pedone rilascia tale pulsante ad esempio 1 secondo dopo?

Ebbene M0.0 non compare soltanto all'estremità destra del network 1 ma

106

anche, in parallelo al pulsante START. Ebbene questo accorgimento, chiamato autoritenuta, fa in modo che una volta rilasciato il pulsante START la combinazione logica dei segnali a monte di MO.O valga ancora 1. Se così non fosse il povero pedone dovrebbe mantenere la pressione su START fino al momento dell'accensione di LAMP e ciò sarebbe quanto meno scomodo.

Nel dettaglio FOTOC vale 1, START vale 0 poichè è stato appena rilasciato ma in parallelo che M0.0 in precedenza valeva 1 dunque la combinazione logica vale 1.Ne consegue che M0.0 manterrà anzi automanterrà il proprio valore logico 1 fino a che FOTOC, che è connesso in serie, non lo porterà a livello logico 0. L'uso dell'autoritenuta è estremamente diffuso e vi dedicheremo il prossimo paragrafo.

L'AUTORITENUTA

Si tratta dell'inserimento di un segnale con indirizzo coincidente con quello dell'uscita (nel nostro esempio KM di indirizzo Q0.0) in parallelo alla combinazione dei segnali che hanno prodotto l'attivazione dell'uscita stesso (nell'esempio KM di indirizzo Q0.0). Si ricorre all'autoritenuta quando il segnale o i segnali di avvio (nel nostro caso INIZIO di indirizzo I0.1) sono forniti da pulsanti, finecorsa o altri trasduttori che tipicamente commutano i loro contatti per pochi istanti a fronte di azioni quali la pressione con la mano, il passaggio attraverso una barriera, ecc.

In serie al collegamento che realizza l'autoritenuta deve essere presente il segnale di disabilitazione dell'uscita: nel nostro esempio FINE all'indirizzo I0.0 è un pulsante N.C. che quando viene premuto diseccita il contattore KM.

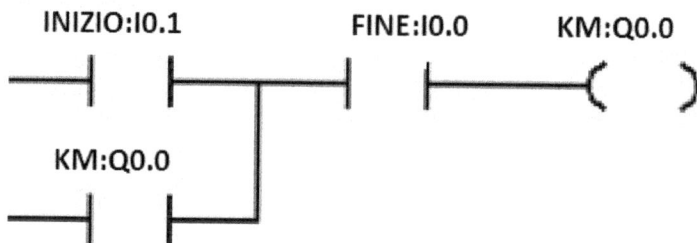

Esercizio 1

Una lampada LAMP si attiva premendo i pulsanti SB1 oppure SB2 entrambi N.O . Essa si spegne premendo i pulsanti SB3 oppure SB4. Scrivi il codice Ladder dopo aver completato lo schema di I/O con gli indirizzi di tua scelta.

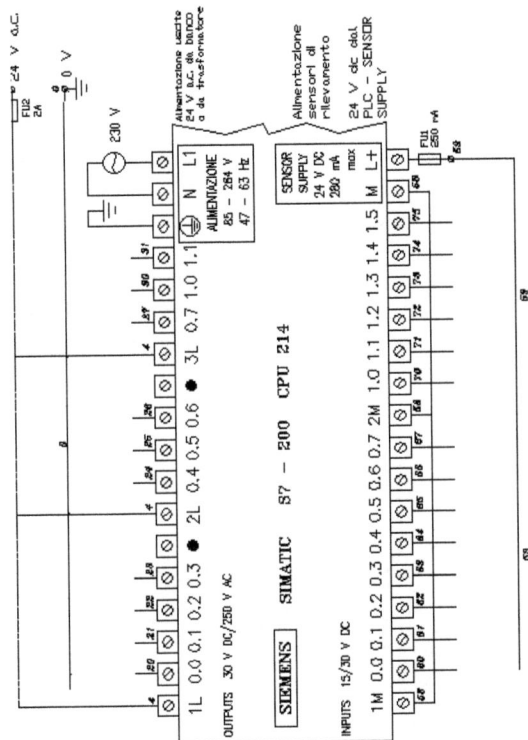

....

....

....

....

....

....

....

....

....

....

109

Esercizio 2

Osserva lo schema degli I/O del plc e lo schema elettropneumatico sottostante.

Completa il primo collegando agli indirizzi di tua scelta a0, a1, YV1,YV2,YV3,YV4 oltre al pulsante n.o. START.

Scrivi il codice Ladder che consenta l'esecuzione del ciclo singolo A+/A-/B+/B- quando viene azionato START. Prevedi il controllo della sicurezza a riposo ovvero il ciclo non può avere luogo se i due cilindri non hanno gli steli del tutto rientrati.

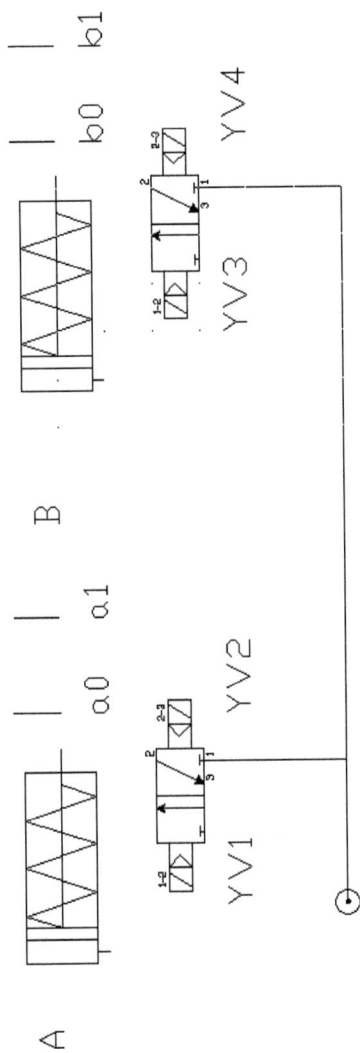

Esercizio 3

Desideriamo apportare una modifica al programma del PLC dell'esercizio 1.
Il ciclo descritto deve compiersi, una volta premuto START, in modo
ripetitivo. Con la pressione di un pulsante di STOP n.c. il ciclo deve
terminare correttamente ma non ricominciare.
Scrivi il codice in linguaggio Ladder.

....
....
....
....
....
....
....
....
....
....
....
....
....
....
....
....
....
....
....
....

Esercizio 4

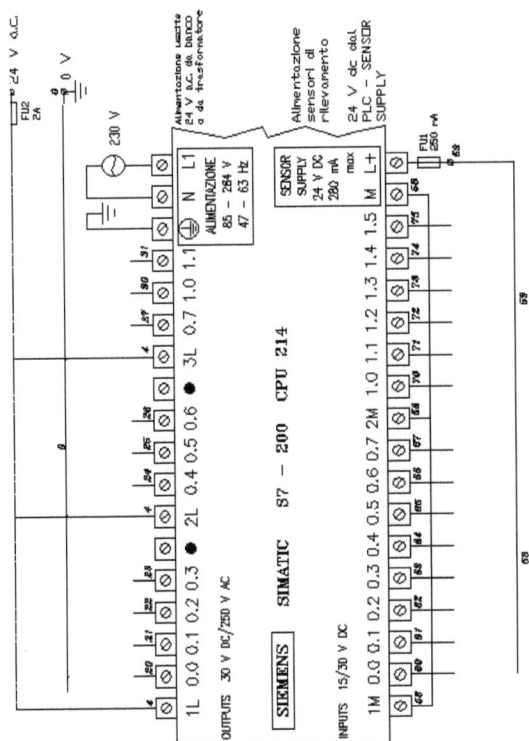

Occorre gestire con il plc un impianto semaforico particolare. Il semaforo AUTO è normalmente attivo con luce fissa e consente alle automobili di circolare mentre quello dei pedoni denominato PED è disattivo; il pedone richiede il passaggio premendo il pulsante n.o. RIC; ne segue che: AUTO inizia immediatamente a lampeggiare (mezzo secondo acceso e mezzo secondo spento) per un totale di 12 secondi dopodiché si spegne e contemporaneamente si accende PED. Quando il pedone passa in prossimità del sensore n.o. denominato PASSATO le lampade tornano allo stato ordinario ovvero PED si spegne e AUTO si accende.

Scrivi il codice Ladder che risolve il problema di automazione. Suggerimento: fai uso dello special merker SM0.5. Esso è un bit di sistema, speciale per l'appunto, che ha frequenza 1 Hò sz e duty cycle 50% ; ciò significa che, ripetendosi periodicamente, vale 1 per mezzo secondo e 0 per il mezzo secondo successivo.

....
....
....
....
....
....
....
....
....
....

Bibliografia e fonti delle immagini

http://engineeronadisk.com/book_integrated/images/plcs6.gif
http://www.nfiautomation.org/FREE_Download/Technical
20Documents/PLC/Step200BasicsofPLCsSiemens.pdf

IL PLC E IL LINGUAGGIO DI PROGRAMMAZIONE GRAFCET

Indice del modulo

CARATTERISTICHE DEL GRAFCET

Consente la programmazione del PLC ed è un linguaggio di tipo grafico basato sul alcuni concetti base:

- fase (o passo o step)
- transizione
- azione
- qualificatore di azione

Quando viene avviato il programma (di fatto viene messe in RUN cioè in esecuzione il nostro PLC)

l'esecuzione parte da uno stato iniziale identificato con due rettangoli (o figure un po' smussate in tutto simili) inscritti:

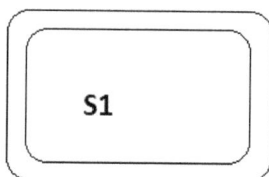

Una transizione è costituita dalla combinazione di più istruzioni "leggi così com'è" oppure "leggi invertito" del valore logico dei segnali. Ecco il suo segno grafico:

Le azioni invece vedono la scrittura del valore logico delle uscite e sono accompagnate dai qualificatori di azione ovvero lettere che specificano la durata di vita dell'azione rispetto a quella della fase in cui l'azione stessa viene effettuta; vediamo un esempio di azioni che producono la movimentazione di un trapano:

116

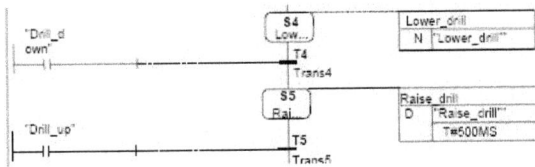

Nei prossimi paragrafi vedremo il significato di alcuni qualificatori di azione.

QUALIFICATORI DI AZIONE

SET E RESET

Osserva lo schemi di I/O alla pagina seguente.

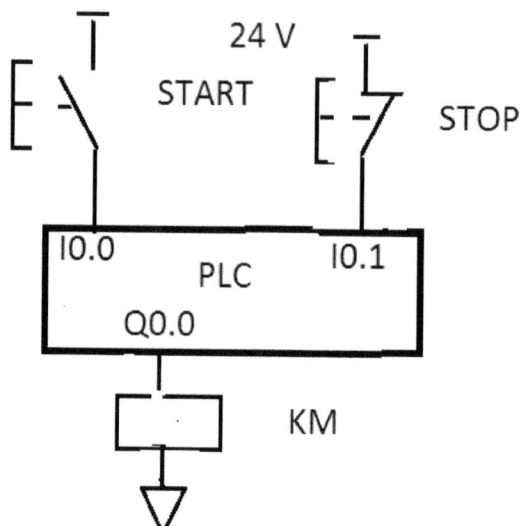

Vogliamo realizzare la seguente automazione: agli ingressi del PLC sono collegati i pulsanti START (N.O) e STOP (N.C.). All'uscita del PLC è cablato invece il relè contattore KM il cui contatto N.O. consente l'attivazione di un motore.

Scriviamo il codice Grafcet. Per migliorarne la leggibilità assegnamo agli indirizzi di ingresso e di uscita i nomi simbolici. Una volta compilata la tabella dei simboli nella scrittura del programma potremo scrivere nelle diverse istruzioni START, STOP, KM anziché gli indirizzi (più difficili da ricordare!) I0.0, I0.1 e Q0.0. Qui di seguito sono mostrati: il codice con la visualizzazione degli indirizzi, la tabella dei simboli e infine il codice con i nomi simbolici.

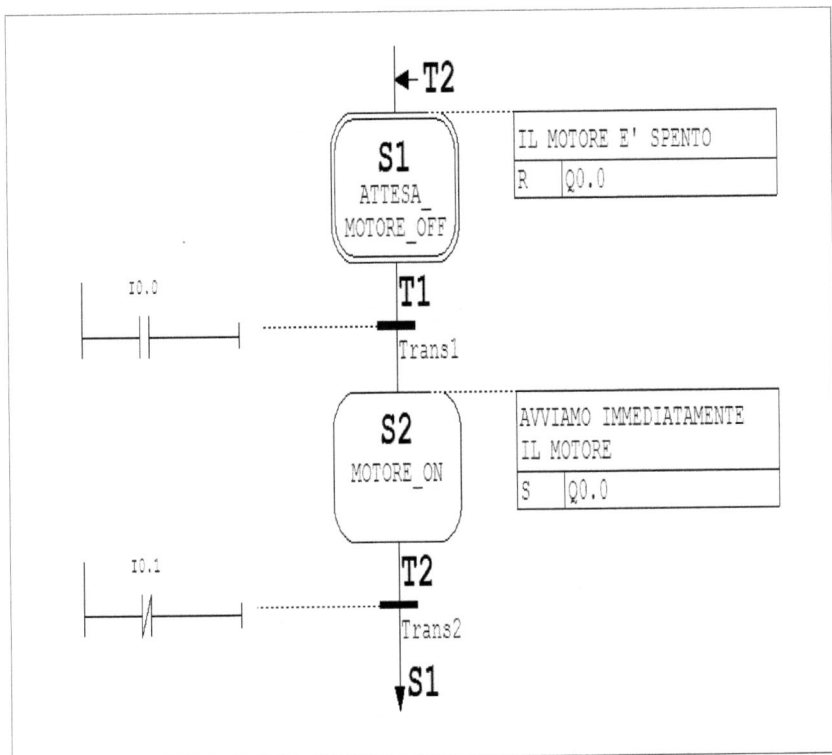

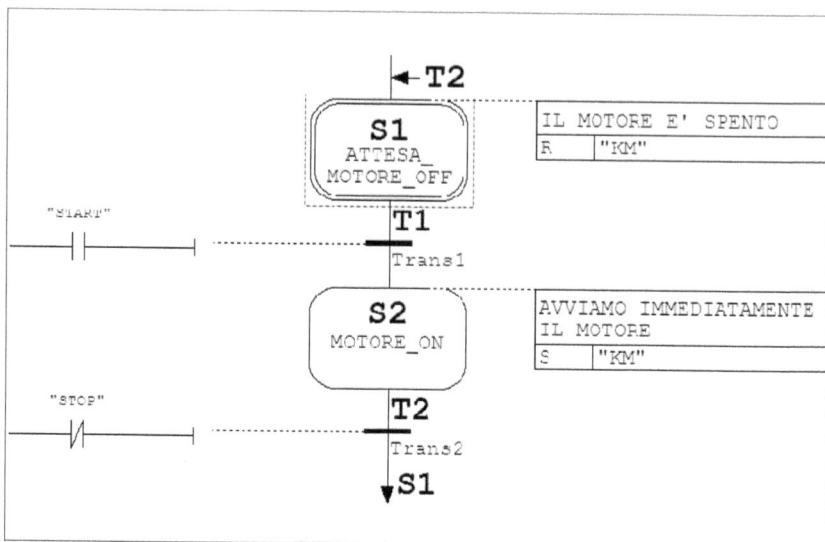

Osserviamo l'ultima immagine per spiegare la logica del programma. S1 è la fase iniziale (nota il doppio bordo che indica proprio che all'avvio del programma iniziamo da S1!); l'abbiamo ridenominata come ATTESA_MOTORE_OFF proprio per ricordare che inizialmente il motore deve essere spento (per ragioni ovvie anche di sicurezza!). Per fare in modo che il motore sia per l'appunto spento è sufficiente mantenere diseccitata la bobina del relè contattore. Per fare ciò scriviamo un azione di RESET (abbreviazione R) all'indirizzo di KM: l'uscita Q0.0 a cui, come già detto, è collegata la bobina del relè KM viene portata a livello logico zero.

E' importante sottolineare che un'azione R rimane attiva fino alla successiva azione di SET (abbreviazione S) a prescindere dal fatto che vengano effettuati dei cambiamenti di fase. In altre parole la vita di azioni compiute con qualificatore R va oltre la vita della fase in cui le azioni stesse sono state effettuate. Nel nostro programma KM rimarrà a livello logico 0 (bobina diseccitata) fino all'esecuzione di un'istruzione di SET di KM. Ma torniamo alla nostra fase iniziale S1: all'avvio del programma il plc non farà altro che resettare la sua uscita. Lo stato S1 verrà abbandonato e passeremo allo stato S2 quando si verificherà la transizione T1. T1 consiste nella "lettura così com'è" dell'ingresso START; essendo esso collegato ad un pulsante N.O. (normally open ovvero una molla o automatismo analogo lo mantiene aperto a meno che non lo azioniamo manualmente) la transizione

120

diverrà vera dal punto di vista logico semplicemente premendo START.

Come abbiamo ribadito KM è diseccitata a causa della precedente istruzione di RESET ma nel nuovo stato S2 viene eccitata con l'istruzione di SET (S).

Il qualificatore di azione SET consiste nel portare a livello logico 1 quindi alto l'indirizzo di uscita cui si riferisce; per quanto detto KM verrà attivata e rimarrà tale fino alla successiva istruzione di RESET. Esattamente come abbiamo detto in relazione al qualificatore di azione R anche SET (S) vive oltre la durata della fase in cui l'azione S è stata compiuta.

Torniamo ancora una volta al nostro programma: siamo nella fase S2 e abbiamo attivato KM (dunque il nostro motore si sarà acceso!). Da S2 c'è una transizione T2 che consiste nella "lettura invertita dell'ingresso STOP; siccome STOP è un pulsante N.C. (normally closed ovvero una molla o un automatismo analogo manterrà il pulsante chiuso cioè con i poli in continuità elettrica tra loro):

se non lo premiamo la transizione avrà livello logico 0 mentre se lo azioniamo la transizione, invertendone lo stato, diverrà logicamente vera.

T2 ci riporta nello stato iniziale S1 dove andiamo a resettare il relè KM (dunque a spegnere il motore).

NOT STORED

Il qualificatore NOT STORED (abbreviazione N) porta a livello logico 1 l'indirizzo del PLC che l'accompagna.

Prendiamo l'automazione del paragrafo precedente e scriviamo, nella pagina seguente, il programma facendo uso del qualificatore N anzichè della coppia S e R.

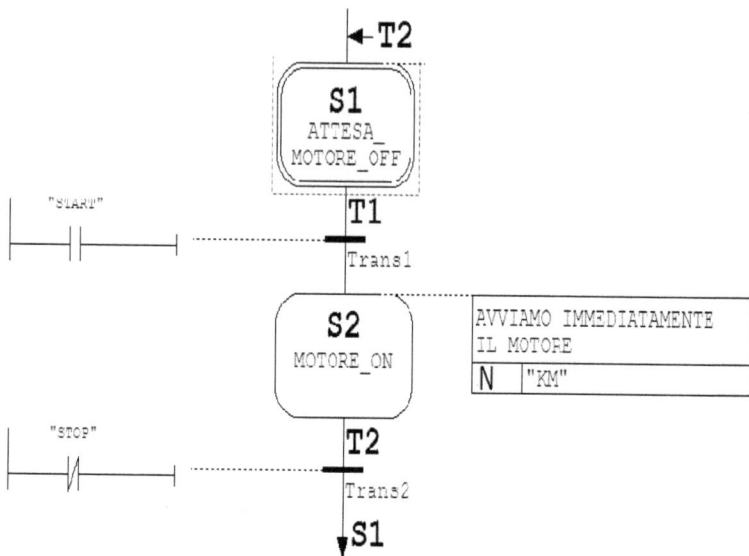

All'avvio del programma siamo nello stato iniziale S1 nel quale non compiamo nessuna azione e tra poco capiremo il perché. Premuto START passiamo allo stato S2 nel quale portiamo a livello logico 1 (ma senza memorizzazione dell'azione!) l'indirizzo KM, eccitando così il contattore.

Quando premiamo STOP la fase S2 viene abbandonata e in questo modo cessa anche l'azione N di KM: l'indirizzo KM torna a livello logico 0 e il contattore KM si diseccita. Tornati nella fase iniziale S1 non vi è alcuna necessità di resettare KM.

In conclusione il qualificatore di azione NOT STORED specifica un'azione la cui durata coincide con quella della fase cui l'azione stessa è associata: l'azione nasce con la fase e muore con essa.

Esercizi

Desideriamo realizzare la seguente automazione: il pulsante N.O. START (indirizzo I0.0) consente di accendere una lampada LAMP (indirizzo Q0.0); LAMP si spegne semplicemente rilasciando il pulsante START.

Scrivi il programma Grafcet che descriva la soluzione facendo uso del qualificatore di azione N.

....
....
....
....
....
....
....
....
....
....
....
....
....
....
....
....

Ora prova a eleborare una diversa soluzione dell'automatismo che faccia uso anzichè del qualifcatore N, della coppia di S e R.

....

....

....

....

....

....

....

....

....

....

....

....

....

....

DELAYED TIME AND LIMITED TIME

Per spiegare il qualificatore d'azione DELAYED TIME (abbreviazione D) consideriamo lo schema ingresso/uscite dei due esercizi precedenti.

Desideriamo che la lampada LAMP si accenda con un ritardo di 5 secondi rispetto all'istante in cui abbiamo premuto START. Trascorsi altri 5 secondi dall'accensione LAMP si spegnerà automaticamente.

E' quello che avviene in molti semafori: il pedone preme il pulsante e vede commutare le lampade del semaforo con un certo ritardo. Una volta ottenuto il consenso (semaforo pedono on e semaforo automobili off) all'attraversamento della carreggiata il pedone sa che dovrà affrettarsi poichè dopo un certo numero di secondi le lampade semaforiche torneranno nella situazione normale (semaforo pedone off e semaforo automobili on). Analizziamo il codice.

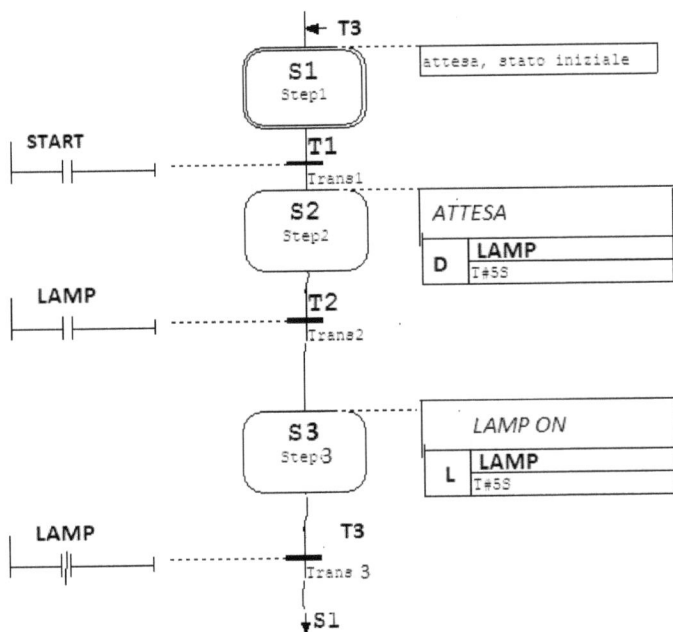

Nello stato iniziale non facciamo alcuna azione se non attendere la pressione del pulsante n.o START. Premuto START si verifica la transizione T1 e lo stato attivo diviene S2. Trascorsi 5 secondi a partire dall'istante in cui "entriamo" nella fase S2 avviene l'accensione della lampada LAMP. L'uso del qualificatore D comporta l'obbligo di indicare un tempo: T#5s significa, appunto, ritardo costante pari a 5 secondi. Il ritardo, ribadisco, avviene rispetto all'istante di attivazione della fase S2.

Bene, chiarito che l'attivazione di LAMP è posticipata del tempo da noi indicato rispetto alla fase in cui scriviamo l'azione qualificata con D, quando "muore" l'azione?

Ovvero, tornando al nostro programma, quando si spegnerà la lampada?

L'azione ritardata cessa quando viene abbandonata la fase. Tuttavia la nostra lampada si comporterà in modo particolare. Infatti la transizione T2 si attiverà automaticamente dopo 5 secondi essendo una "lettura così com'è" di LAMP. T2, intendo dire, diverrà vera con LAMP accesa.

Quindi passando al nuovo stato S3 chiediamo con il qualificatore TIME

125

LIMITED (L) di mantenere a livello logico 1 l'indirizzo LAMP per una durata limitata (5 secondi). Trascorso il tempo LAMP verrà portata a livello logico 0.

Attenzione: esattamente come avveniva con il qualificatore D anche l'azione accompagnata da L viene abbandonata prima del tempo specificato se per qualunque ragione viene abbandonata la fase. Tornando alla nostro codice la transizione T3 è una "lettura invertita" di LAMP. Dunque appena verrà portato a livello logico 0 l'indirizzo LAMP, si verificherà T3 e il programma salterà allo stato iniziale S1.

Riassumiamo il comportamento dei qualificatori DELAYED TIME (D) e LIMITED TIME (L): la durata da noi specificata viene conteggiata dall'istante in cui entriamo nella fase;se la fase ,per qualunque ragione, viene abbandonata, l'azione stessa cessa i suoi effetti. D ci permette di specificare un'azione ritardata di un tempo prefissato e di durata pari a quella della fase mentre L di indicare un'azione immediata ma di durata limitata.

Esercizi

Vogliamo realizzare una sorta di asciugamani elettrico (hai presente quelli che ogni tanto vediamo nei bagni dei locali pubblici?) a risparmio energetico. Il contatto N.O. MANI di una fotocellula, viene azionato quando vengono rilevate le mani in prossimità dell'asciugamani elettrico. Il contattore ARIA attivandosi produce l'accensione del ventilatore che deve durare solo 9 secondi a meno che l'utente non allontani le mani disattivando in questo modo la fotocellula.

Traccia lo schema degli ingressi e delle uscite del plc e scrivi il codice Grafcet che risolve il problema.

24 V _____

```
┌─────────────────────────────────────────┐
│  I0.0  I0.1  I0.2  I0.3  I0.4  I0.5  I0.6  I0.7 │
│                                           │
│                  PLC                      │
│                                           │
│  Q0.0  Q0.1  Q0.2  Q0.3  Q0.4  Q0.5  Q0.6 │
└─────────────────────────────────────────┘
```

0 V_____

....
....
....
....
....
....
....
....
....
....
....
....
....
....
....
....
....
....

....
....
....
....

Vogliamo realizzare una sorta di relè luce scale: premuto il pulsante N.O.
START LAMP si accende immediatamente e si spegnerà automaticamente
dopo 10 secondi. Completa lo schema di I/O riportato sotto con indirizzi a
tua scelta.

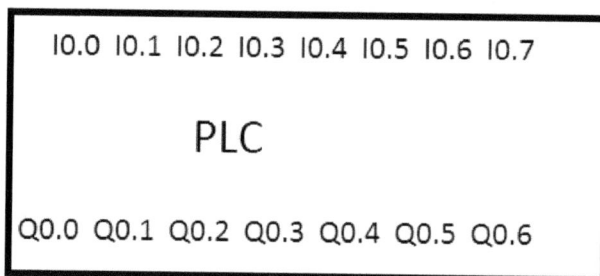

24 V

```
I0.0  I0.1  I0.2  I0.3  I0.4  I0.5  I0.6  I0.7

              PLC

Q0.0  Q0.1  Q0.2  Q0.3  Q0.4  Q0.5  Q0.6
```

0 V

Scrivi il codice Grafcet che risolva il problema di automazione.

....
....
....
....

....
....
....
....
....
....
....
....

PULSE

Osserva lo schema elettropneumatico sottostante. Il cilindro a singolo effetto A è comandato da un elettrodistributore 3/2 (cioè con 3 vie e 2 posizioni). I solenoidi (bobine) YV1 e YV2 saranno collegate a due uscite dal PLC mentre il pulsante START N.O, collegato ad un ingresso, consentirà di richiedere il ciclo singolo A+/A-. Sempre a due ingressi del plc saranno presenti due finecorsa magnetici per rilevare le posizioni estreme del cilindro ovvero a0 (rientro stelo completato) e a1 (fuoriuscita stelo completata).

La corsa positiva del cilindro (A+) avverrà fornendo un impulso a YV1 poichè la valvola è bistabile; ciò significa che la valvola "ricorda" l'ultima posizione attivata: se forniamo un impulso a YV1 si attiverà la posizione di sinistra ed essa verrà mantenuta fino all'attivazione di YV2. YV2 produce la commutazione del cassetto della valvola con i conseguenti collegamenti descritti dalla posizione di destra; detta posizione produce A- ovvero la corsa negativa del cilindro. Scriviamo il codice Grafcet.

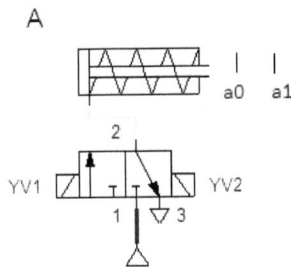

Il significato del codice è abbastanza semplice: a0 e a1 segnalano quando deve terminare una fase e iniziare il movimento opposto del cilindro.Questo a riposo è del tutto rientrato e la fase A+ non avviene anche se premiamo START se lo stelo non è rilevato dal sensore di prossimità a0. Si tratta della cosiddetta sicurezza a riposo.

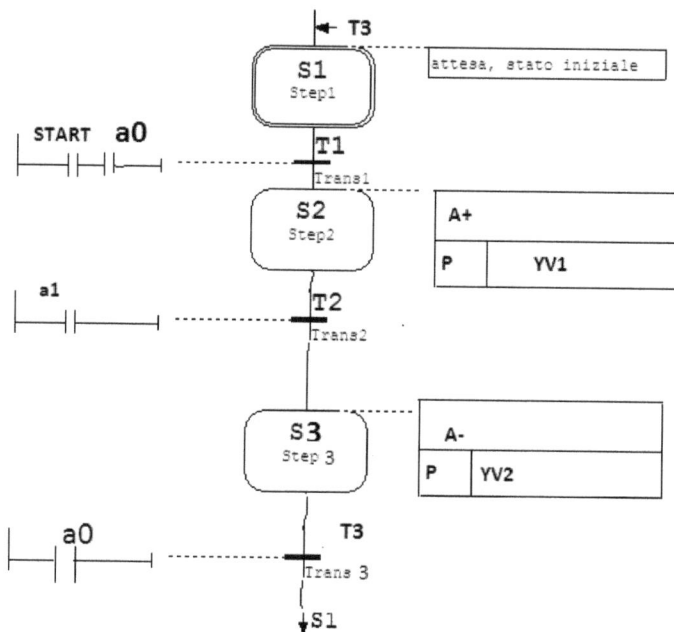

Esercizi

Lo schema pneumatico alla pagina seguente raffigura un cilindro a singolo effetto comandato da elettrodistributore 3/2 monostabile. Decidiamo di cambiare il pilotaggio di YV così come viene descritto dallo schema funzionale e di adottare invece una soluzione in tutto simile ma con il plc. Completa lo schema di I/O e scrivi il codice grafcet che risolva il problema di automazione.

A

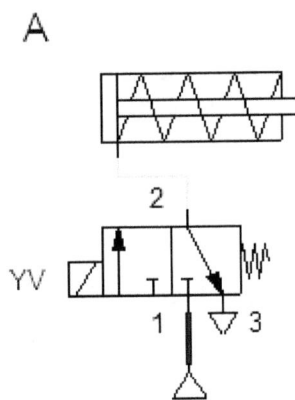

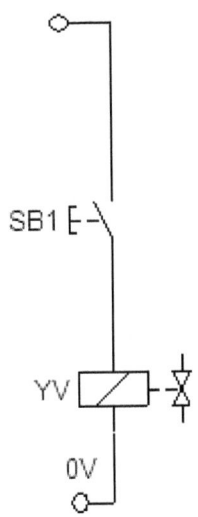

YV

SB1

YV

0V

24 V _____

```
┌─────────────────────────────────────────┐
│  I0.0  I0.1  I0.2  I0.3  I0.4  I0.5  I0.6  I0.7  │
│                                           │
│              PLC                          │
│                                           │
│  Q0.0  Q0.1  Q0.2  Q0.3  Q0.4  Q0.5  Q0.6  │
└─────────────────────────────────────────┘
```

0 V _____

....
....
....
....
....
....
....
....
....
....
....
....
....
....
....

Analizza ora il seguente schema pneumatico:

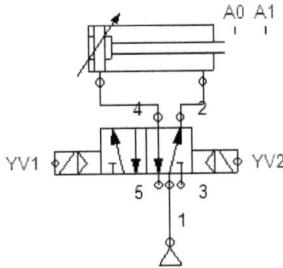

A0 A1

4   2

YV1   YV2

5   3

1

Desideriamo realizzare un ciclo continuativo A+/A- che inizi e abbia termine rispettivamente con i pulsanti START N.O e STOP N.C. con pilotaggio della valvola 3/2 tramite PLC.
Nella pagina seguente completa lo schema di I/O alla e scrivi il codice Grafcet che risolva il problema di automazione.

24 V _____

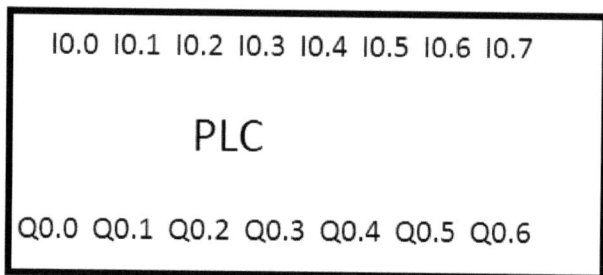

I0.0 I0.1 I0.2 I0.3 I0.4 I0.5 I0.6 I0.7

PLC

Q0.0 Q0.1 Q0.2 Q0.3 Q0.4 Q0.5 Q0.6

0 V _____

STATI PARALLELI NEL PROGRAMMA GRAFCET

Grafcet consente di gestire stati paralleli. Capiamo cosa significa con il programma alla pagina seguente.

L'attivazione di I0.0 attiva parallelamente gli stati S3, S2 ed S4 nei quali avviene l'attivazione ritardata di 5 secondi di tre uscite. Trattasi dell'erogazione simultanea dei tre ingredienti di un gelato. Detta erogazione si interromperà con l'attivazione dell'ingresso I0.2 corrispondente ad un sensore di livello N.O.

La transizione T1 comporta l'attivazione parallela degli stati S1,S2 ed S3. Dopo un punto di ricongiungimento il verificarsi di T2 produce un'istruzione di salto verso lo stato iniziale S1.

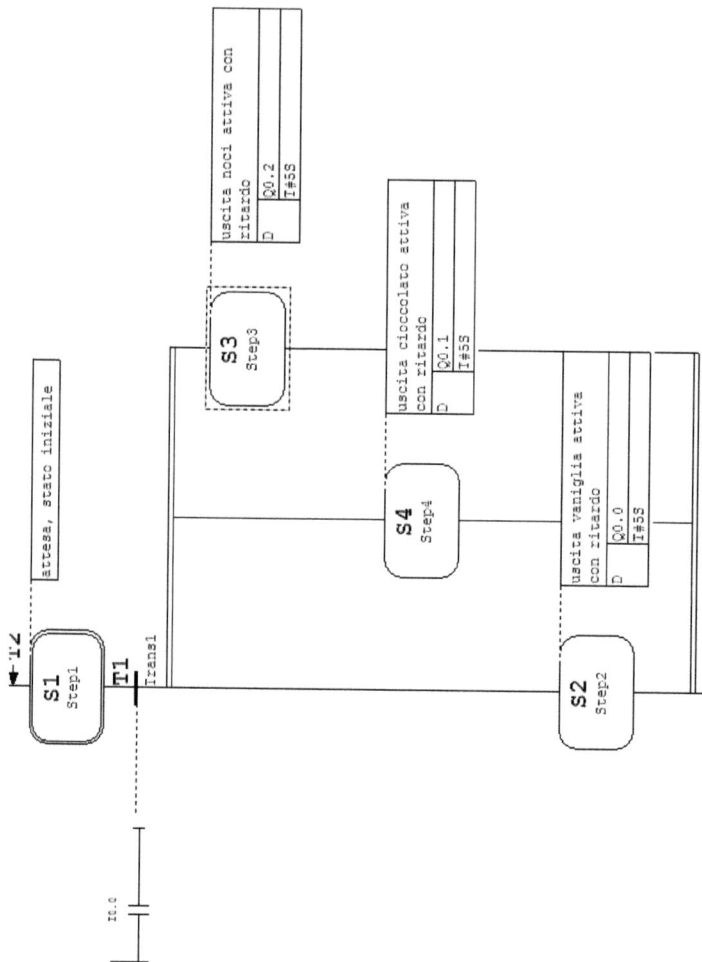

Bibliografia e fonti delle immagini

http://home.deib.polimi.it/leva/CorsoAI/AI-Lezione09-2p.pdf
https://it.wikipedia.org/wiki/Sequential_function_chart

136

Lightning Source UK Ltd.
Milton Keynes UK
UKHW021019270921
391257UK00011B/722